I0244548

LE SECRET
DE L'ÉCHAFAUD

AUTEURS CÉLÈBRES A 60 CENT. LE VOLUME

1ʳᵉ Série
- N° 1. Camille Flammarion, Lumen.
- 2. Alphonse Daudet, La Belle-Nivernaise.
- 3. Émile Zola, Thérèse Raquin.
- 4. Hector Malot, Une Bonne Affaire.
- 5. André Theuriet, Le Mariage de Gérard.
- 6. L'Abbé Prévost, Manon Lescaut.
- 7. Eugène Chavette, La Belle Alliette.
- 8. G. Duval, Le Tonnelier.
- 9. Marie Robert Halt, Histoire d'un Petit Homme.
- 10. Bernardin de St-Pierre, Paul et Virginie.

2ᵉ Série
- N° 11. Catulle Mendès, Le Roman Rouge.
- 12. Alexis Bouvier, Colette.
- 13. Louis Jacolliot, Voyage aux Pays mystérieux.
- 14. Adolphe Belot, Deux Femmes.
- 15. Jules Sandeau, Madeleine.
- 16. Longus, Daphnis et Chloé.
- 17. Théophile Gautier, Jettatura.
- 18. Jules Claretie, La Mansarde.
- 19. Louis Noir, L'Auberge maudite.
- 20. Léopold Stapleaux, Le Château de la Rage.

3ᵉ Série
- N° 21. Hector Malot, Séduction.
- 22. Maurice Talmeyr, Le Grisou.
- 23. Gœthe, Werther.
- 24. Ed. Drumont, Le dernier des Trémolin.
- 25. Vast-Ricouard, La Sirène.
- 26. G. Courteline, Le 51ᵉ Chasseurs.
- 27. Escoffier, Troppmann.
- 28. Goldsmith, Le Vicaire de Wakefield.
- 29. A. Delvau, Les Amours buissonnières.
- 30. E. Chavette, Lilie, Tutue, Bébeth.

4ᵉ Série
- N° 31. Adolphe Belot, Hélène et Mathilde.
- 32. Hector Malot, Les Millions honteux.
- 33. X. de Maistre, Voyage autour de ma Chambre.
- 34. Alexis Bouvier, Le Mariage d'un Forçat.
- 35. Tony Revillon, Le Faubourg Saint-Antoine.
- 36. Paul Arène, Le Canot des six Capitaines.
- 37. Ch. Canivet, La Ferme des Gohel.
- 38. Ch. Leroy, Les Tribulations d'un Futur.
- 39. Swift, Voyages de Gulliver.
- 40. René Maizeroy, Souvenirs d'un Officier.

5ᵉ Série
- N° 41. Arsène Houssaye, Lucia.
- 42. La Chanson de Roland.
- 43. Paul Bonnetain, Au Large.
- 44. Catulle Mendès, Pour lire au Bain.
- 45. Émile Zola, Jacques Damour.
- 46. Jean Richepin, Quatre petits Romans.
- 47. Armand Sylvestre, Histoires joyeuses.
- 48. Paul Dhormoys, Sous les Tropiques.
- 49. Villiers de l'Isle-Adam, Le Secret de l'Échafaud.
- 50. Ernest Daudet, Le Crime de Jean Malory.

CHAQUE OUVRAGE EST COMPLET EN UN VOLUME
Envoi franco contre mandat ou timbres-poste
LA SIXIÈME SÉRIE EST EN PRÉPARATION

COMTE DE VILLIERS DE L'ISLE-ADAM

LE SECRET
DE
L'ÉCHAFAUD

PARIS

C. MARPON ET E. FLAMMARION, ÉDITEURS

RUE RACINE, 26, PRÈS L'ODÉON

Tous droits réservés

LE
SECRET DE L'ÉCHAFAUD

L'AMOUR SUPRÊME

> Les cœurs chastes diffèrent des Anges en félicité, mais pas en honneur.
> St-Bernard.

Ainsi l'humanité, subissant, à travers les âges, l'enchantement du mystérieux Amour, palpite à son seul nom sacré.

Toujours elle en divinisa l'immuable essence, transparue sous le voile de la vie, — car les espoirs inapaisés ou déçus que laissent au cœur humain les fugitives illusions de l'amour terrestre, lui font toujours pressentir que nul ne peut posséder son réel idéal sinon dans la lumière créatrice d'où il émane.

Et c'est pourquoi bien des amants — oh ! les prédestinés ! — ont su, dès ici-bas, au dédain de leurs sens mortels, sacrifier les baisers, renoncer aux étreintes et, les yeux perdus en une lointaine extase nuptiale, projeter, ensemble, la dualité même de leur être dans les mystiques flammes du Ciel. A ces cœurs élus, tout trempés de foi, la Mort n'inspire que des battements d'espérance ; en eux, une sorte d'Amour-phénix a consumé la poussière de ses ailes pour ne renaître qu'immortel : ils n'ont accepté de la terre que l'effort seul qu'elle nécessite pour s'en détacher.

Si donc il est vrai qu'un tel amour ne puisse être exprimé que par qui l'éprouve, et puisque l'aveu, l'analyse ou l'exemple n'en sauraient être qu'auxiliateurs et salubres, celui-là même qui écrit ces lignes, favorisé qu'il fût de ce sentiment d'en haut, n'en doit-il pas la fraternelle confidence à tous ceux qui portent, dans l'âme, un exil ?

En vérité, ma conscience ne pouvant se défendre de le croire, voici, en toute simplicité, par quels chaînons de circonstances, de futiles hasards mondains, cette sublime aventure m'arriva.

Ce fut grâce à la parfaite courtoisie de M. le duc de Marmier que je me trouvai, par ce beau soir de printemps de l'année 1868, à cette fête donnée à l'hôtel des Affaires étrangères.

Le duc était allié à la maison de M. le marquis de Moustiers, alors aux Affaires. Or, la surveille, à table, chez l'un de nos amis, j'avais manifesté le désir de contempler, par occasion, le monde impérial, et M. de Marmier avait poussé l'urbanité jusqu'à me venir prendre chez moi, rue Royale, pour me conduire à cette fête, où nous entrâmes sur les dix heures et demie.

Après les présentations d'usage, je quittai mon aimable introducteur et m'orientai.

Le coup d'œil du bal était éclatant; les cristaux des lustres lourds flambaient sur des fronts et des sourires officiels; les toilettes fastueuses jetaient des parfums; de la neige vivante palpitait aux bords tout en fleur des corsages; le satiné des épaules, que des diamants mouillaient de lueurs, miroitait.

Dans le salon principal, où se formaient des quadrilles, des habits noirs, sommés de visages célèbres, montraient à demi, sous un parement, l'éclair d'une plaque aux rayons d'or neuf. Des jeunes filles, assises, en toilette de mousseline aux traînes enguirlandées, attendaient, le carnet au bout des gants, l'instant d'une contredanse. Ici, des attachés d'ambassade, aux boutonnières surchargées d'ordres en pierreries, passaient ; là, des officiers généraux, cravatés de moire rouge et la croix de commandeur en sautoir, complimentaient à voix basse d'aristocratiques beautés de la cour. Le triomphe se lisait dans les yeux de ces élus de l'inconstante Fortune.

Dans les salons voisins devisaient des groupes diplomatiques, parmi lesquels on distinguait un camail de pourpre. Des étrangères marchaient, attentives, l'éventail aux lèvres, aux bras de « conseillers » de chancelleries ; ici, les regards glissaient avec le froid de la pierre. Un vague souci semblait d'ordonnance sur tous les fronts.
— En résumé, la fête me paraissait un bal de fantômes, et je m'imaginais que, d'un moment à l'autre, l'invisible montreur de ces ombres magiques allait s'écrier fantastiquement dans la coulisse, le sacramentel : « Disparaissez ! »

Avec l'indolence ennuyée qu'impose l'étiquette, je traversai donc cette pièce encore et parvins en un petit salon à peu près désert, dont j'entrevoyais à peine les hôtes. Le balcon d'une vaste croisée grand'ouverte invitait mon désir de solitude ; je vins m'y accouder. Et, là, je laissai mes regards errer au dehors sur tout ce pan du Paris nocturne qui, de l'Arc-de-l'Étoile à Notre-Dame, se déroulait à la vue.

.˙.

Ah! l'étincelante nuit! De toutes parts, jusqu'à l'horizon, des myriades de lueurs fixes ou mouvantes peuplaient l'espace. Au delà des quais et des ponts sillonnés de lueurs d'équipages, les lourds feuillages des Tuileries, en face de la croisée, remuaient, vertes clartés, aux souffles du Sud. Au ciel, mille feux brûlaient dans le bleu-noir de l'étendue. Tout en bas, les astrals reflets frissonnaient dans l'eau sombre : la Seine fluait, sous ses arches, avec des lenteurs de lagune. Les plus proches papillons de gaz, à travers les feuilles claires des arbustes, en paraissaient les fleurs d'or. Une rumeur, dans l'immensité, s'enflait ou diminuait, respiration de l'étrange capitale : cette houle se mêlait à cette illumination.

Et des mesures de valses s'envolaient, du brillant des violons, dans la nuit.

Au brusque souvenir du roi dans l'exil, il me vint des pensers de deuil, une tristesse de vivre et le regret de me trouver, moi aussi, le passant de cette fête. Déjà mon esprit se perdait en cette songerie, lorsque de subits et délicieux effluves de lilas blancs, tout auprès de moi, me firent détourner à demi vers la féminine présence que, sans doute, ils décelaient.

Dans l'embrasure, à ma droite, une jeune femme appuyait son coude ganté à la draperie de velours grenat ployée sur la balustrade.

En vérité, son seul aspect, l'impression qui sortait de toute sa personne, me troublèrent, à l'instant même, au point que j'oubliai toutes les éblouissantes visions environnantes ! Où donc avais-je vu déjà ce visage ?

Oh! comment se pouvait-il qu'une physionomie d'un charme si élevé, respirant une si chaste dignité de cœur, comment se pouvait-il que cette sorte de Béatrix aux regards pénétrés seulement du mystique espoir — c'était lisible en elle — se trouvât égarée en cette mondaine fête ?

Au plus profond de ma surprise, il me sembla, tout à coup, reconnaître cette jeune femme ; oui, des souvenirs, anciens déjà, pareils à des adieux, s'évoquaient autour d'elle ! Et, confusément, au loin, je revoyais des soirées d'un automne, passées ensemble, jadis, en un vieux château perdu de la Bretagne, où la belle douairière de Locmaria réunissait, à de certains anniversaires, quelques amis familiers.

Peu à peu, les syllabes, pâlies par la brume des années, d'un nom oublié, me revinrent à l'esprit :

— Mademoiselle d'Aubelleyne ! me dis-je.

Au temps dont j'avais mémoire, Lysiane d'Aubelleyne était encore une enfant : je n'étais, moi, qu'un assez ombrageux adolescent et, sous les séculaires avenues de Locmaria, notre commune sauvagerie, au retour des promenades, nous avait ménagé, plusieurs fois, des rencontres de hasard l'heure du lever des étoiles. Et — je me rappelais ! — la gravité, si étrange à pareils âges, de nos causeries, la spiritualité de leurs sujets préférés, nous avaient révélé l'un à l'autre mille affinités d'âme, telles que souvent entre nous, de longs silences, extra-mortels peut-être ! avaient passé.

A cette époque, depuis déjà deux années, elle n'avait plus de mère. Le baron d'Aubelleyne, aussitôt l'atteinte de ce grand deuil, ayant envoyé sa démission de commandant de vaisseau, s'était retiré tristement, avec ses deux filles, en son patrimonial domaine, et ce n'était plus qu'à de rares occasions que l'on se produisait dans le monde des alentours.

Cette réclusion n'offrait rien qui dût affliger une

jeune fille « née avec le mal du ciel », selon l'expression du pays. Le vœu de « rester demoiselle », que l'on savait être son secret, se lisait en ses yeux aux lueurs de violettes après un orage. En enfant sainte, elle se plaisait, au contraire, dans l'isolement où sa radieuse primevère se fanait auprès d'un vieillard dont elle allégeait les dernières mélancolies. C'était volontiers qu'elle s'accoutumait à vivre ainsi, élevant sa jeune sœur, s'occupant humblement du château, de ses chers indigents, des religieuses de la contrée, dédaigneuse d'un autre avenir.

Dispensatrice, déjà, d'œuvres bénies, elle se réalisait en cette existence d'aumônes, de travail et de cantiques, où la virginité de son être, à travers le pur encens de toutes ses pensées, veillait comme une lampe d'or brûle dans un sanctuaire.

Or, ne nous étant jamais revus depuis les heures de ces vagues rencontres en ce château breton, voici que je la retrouvais, soudainement, ici, à Paris, devant moi, sur cet officiel balcon nocturne — et que son apparition sortait de cette fête !

Oui, c'était bien elle ! Et, maintenant comme autrefois, la douceur des êtres qui tiennent déjà de leur ange caractérisait sa pensive beauté. Elle devait être de vingt-trois à vingt-quatre ans. Une pâleur natale, inondant l'ovale exquis du visage, s'alliait, éclairée par deux rayonnants yeux bleus, à ses noirs bandeaux lustrés, ornés de lilas blancs qui s'épanouissaient avant d'y mourir.

Sa toilette, d'une distinction mystérieuse, et qui lui seyait par cela même, était de soie lamée, d'un noir éteint, brodée d'un fin semis de jais qu'une claire gaze violette voilait de sa sinueuse écharpe.

Une frêle guirlande de lilas blancs ondulait, sur son svelte corsage, de la ceinture à l'épaule : la tiédeur de son être avivait les délicats parfums de cette parure. Son autre main, pendante sur sa robe, tenait un éventail blanc refermé : le très mince fil d'or, qui faisait collier, supportait une petite croix de perles.

Et — comme autrefois ! — je sentais que c'était *seulement* la transparence de son âme qui me séduisait en cette jeune femme ! Et que toute passionnelle pensée, à sa vue, me serait toujours d'un idéal mille fois moins attrayant que le simple et fraternel partage de sa tristesse et de sa foi.

Je la considérai quelques instants avec une admiration aussi naïve qu'étonnée de sa présence en un milieu si loin d'elle !... Elle parut le comprendre, et aussi me reconnaître, d'un sourire empreint de clémence et de candeur. En effet, les êtres qui se sentent dignes d'inspirer la noblesse d'un pareil sentiment, l'acceptent avec une délicatesse infinie. Leur auguste humilité l'accueille comme un tribut tout simple, très naturel et dont tout l'honneur revient à Dieu.

.'.

Je fis un pas pour me rapprocher d'elle.

— Mademoiselle d'Aubelleyne, lui dis-je, n'a donc pas totalement oublié, depuis des années, le passant morose qu'elle a rencontré dans le manoir de Locmaria?

— Je me souviens, en effet, monsieur.

— Vous étiez alors une très jeune fille, plus songeuse que triste, plus douce que joyeuse, dont le sourire n'était jamais qu'une lueur rapide ; et cependant, sous les pures transparences de vos regards d'enfant, oserais-je vous dire que j'avais déjà presque deviné la femme future, toute voilée de mélancolie, qui m'apparaît ce soir?

— Bien que vieillie, il me plaît que vous ne me trouviez pas *autrement* changée.

— Aussi, tout en vous voyant mêlée à cette fête,

j'ai le pressentiment que vous en êtes absente — et que je suis pour vous plus étranger que si jamais vous ne m'eussiez connu. — Vraiment, on dirait que, déjà, vous avez... souffert de la vie?

Elle cessa d'être distraite, me regarda, comme pour se rendre compte de la portée que je voulais donner à mes paroles, et me répondit :

— Non, monsieur, — du moins comme on pourrait l'entendre. Je ne suis point une désenchantée, et si je n'ai réclamé, si je ne désire aucune joie de la vie, je comprends que d'autres puissent la trouver belle. Ce soir, par exemple, ne fait-il pas une admirable nuit? Et, d'ici, quelles musiques douces! Tout à l'heure, dans le salon du bal, j'ai vu deux fiancés : ils se tenaient par la main, pâles de bonheur; ils s'épouseront! Ah! ce doit être une joie d'être mère! Et de vivre aimée, en berçant un doux enfant au sourire de lumière...

Elle eut comme un soupir et je la vis fermer les yeux.

— Oh! le parfum de ces lilas me fait mal, dit-elle.

Elle se tut, presque émue.

J'étais sur le point de lui demander quel vague regret cachait cette émotion, lorsque, comme un informe oiseau fait de vent, d'échos sonores et de ténèbres, minuit, s'envolant tout à coup de Notre-Dame, tomba lourdement à travers l'espace et, d'église en église, heurtant les vieilles tours de ses ailes aveugles, s'enfonça dans l'abîme, vibra puis disparut.

.·.

Bien que l'heure eût cessé de sonner, mademoiselle d'Aubelleyne, accoudée et attentive, paraissait écouter encore je ne sais quels sons perdus dans l'éloignement et qui, pour elle, continuaient sans doute *ce* minuit, car de très légers mouvements de sa tête semblaient suivre un tintement que je n'entendais plus.

— On dirait que vos pensées accompagnent, jusqu'au plus lointain de l'ombre, ces heures qui s'enfuient !

— Ah ! murmura-t-elle en mêlant les lueurs de ses yeux au rayonnement des étoiles, c'est *qu'aujourd'hui fut mon dernier jour d'épreuve*, et que cette heure qui sonne n'est pour moi qu'un bruit de chaînes qui se brisent, emportant loin d'ici toute mon âme délivrée !... non seulement loin de cette fête, mais hors de ce monde sensible, où nous ne sommes, nous-mêmes, que des apparences et dont je vais enfin me détacher à jamais.

A ces mots, je regardai ma voisine d'isolement avec une sorte d'inquiète fixité.

— Certes, répondis-je, en vous écoutant, je reconnais l'âme de l'enfant d'autrefois! Mais, ce qui m'interdit un peu, c'est ce natal et si profond désir de détachement qui persiste en vous alors que la pleine éclosion de votre jeunesse et le charme mystérieux de votre beauté vous donnent des droits à toutes les joies de ce monde !

— Oh ! dit-elle, d'une voix qui me parut comme le son d'une source solitaire cachée dans une forêt, quelle est la joie, selon le monde, qui ne s'épuise — et ne se noie, par conséquent, elle-même — dans sa propre satiété ? Est-ce donc méconnaître le bienfait de la vie que de n'en point vouloir éprouver les dégoûts ? — Que sont des plaisirs qui ne se réalisent jamais, sinon mêlés d'un essentiel remords ?... Et quel plus grand bonheur que de vivre son existence avec une âme forte, pure, indéçue — et s'étant soustraite aux atteintes même de toutes mortelles concupiscences pour ne point déchoir de son idéal ?

— Il est aisé de se dire forte en se dérobant à l'épreuve de tous combats.

— Je ne suis qu'une créature humaine, faite de chair et de faiblesses, péchant, quand même, toujours ; pourquoi voudrais-je d'autres luttes que celles-là dont je suis sûre de sortir victorieuse ?

— Alors, lui demandai-je avec un affectueux étonnement, comment se fait-il que vous soyez venue ici ce soir !

Un inexprimable sourire, fait de dédain terrestre et d'extase sacrée, illumina la pâleur de ses traits :

— J'ai dû subir, dans ma docilité, l'ancienne coutume du Carmel qui prescrit à l'humble fiancée de la Croix d'affronter les tentations du monde avant de prononcer ses vœux. Je suis ici par obéissance.

*
* *

En ce moment même d'harmonieuses mélodies du bal nous parvinrent, plus distinctes ; une tenture du salon venait d'être écartée, laissant entrevoir un resplendissement de femmes souriantes, dans les valses, sous les lumières. Envisageant donc celle dont l'austère pensée dominait ainsi ces visions, je lui répondis avec une émotion dont tremblait un peu ma voix :

— En vérité, mademoiselle, on se sent à jamais attristé par la rigueur de votre renoncement ! — Pourquoi cette hâte du sacrifice ? La vie parût-elle sans joies, celles qu'on peut dispenser ne lui donnent-elles pas un prix ? Il est beau de ne pas craindre les amertumes, de se prêter aux illusions, d'accepter les tâches que d'autres subissent pour nous, d'aimer, de palpiter, de souffrir et de savoir, enfin, vieillir ! — Alors, n'ayant plus à remplir aucun devoir, si votre âme, lassée des froissements humains, aspirait au repos, je comprendrais votre retraite du monde, qui maintenant me semble, je l'avoue, une sorte de désertion.

Elle se détachait comme un lys sur les ténèbres étoilées, qui semblaient le milieu complémentaire de sa personne, et ce fut avec une voix d'élue qu'elle me répondit :

— Différer, dites-vous ?... Non. Celles-là ne sauraient avoir droit qu'au mirage du ciel, qui pourraient calculer leur holocauste de façon à n'offrir à Dieu que le but de leur corps et la cendre de leur âme. La puissance de sa foi fait à chacun la splendeur de son paradis, et, croyez-*nous*, ce n'est que dans l'effort souverain pour échapper aux attaches rompues qu'on puise la surhumaine faculté d'élancement vers la Lumière divine. — Pourquoi, d'ailleurs, hésiter ? Le moment de n'être plus suit de près, à tel point, celui d'avoir été, que la vie ne s'affirme, en vérité, que dans la conception de son néant. Dès lors, comment, même, appeler « sacrifice » (après tout !) l'abandon terrestre de cette heure dont le bon emploi peut sanctifier, seul, notre immortalité ?

Ici la sombre inspirée se détourna vers le salon du bal que l'on entrevoyait encore : sa main touchait le velours pourpre jeté sur la balustrade ; ses doigts s'appuyèrent par hasard sur la couronne de l'impérial écusson qui brillait au dehors en repoussé d'or bruni.

— Voyez, continua-t-elle ; certes, ils sont beaux et séduisants les sourires, les regards de ces vivantes qui tourbillonnent sous ces lustres ! — Ils sont jeunes, ces fronts, et fraîches sont ces lèvres ! Pourtant, que le souffle d'une circonstance funeste passe sur ces flambeaux et brusquement les éteigne ! Toutes ces irradiations s'évanouissant dans l'ombre cesseront, *momentanément*, de charmer nos yeux. Or, sinon demain même, un jour prochain, sans rémission, le vent de la Nuit, qui déjà nous frôle, perpétuera cet effacement. Dès lors, qu'importent ces formes passagères qui n'ont de réel que leur illusion ? Que sert de se projeter sous toute clarté qui doit s'éteindre ? Pour moi, c'est vivre ainsi qui serait déserter. Mon premier devoir est de suivre la Voix qui m'appelle. Et je ne veux désormais baigner mes yeux que dans cette lumière intérieure dont l'humble Dieu crucifié daigne, par sa grâce ! embraser mon âme. C'est à lui que j'ai hâte de me donner dans toute la fleur de ma beauté périssable ! — Et mon unique tristesse est de n'avoir à lui sacrifier que cela.

Pénétré, malgré moi, par la ferveur de son extase, je demeurai silencieux, ne voulant troubler d'aucune parole le secret infini de son recueillement. Peu à peu, cependant, son visage reprit sa tranquillité ; elle se détourna, presque souriante, vers le vieil amiral de L...-M... qui s'avançait ; elle lui tendit la main et s'inclina comme pour s'en aller.

— Déjà vous partez ! murmurai-je. Je ne vous verrai donc plus ?

— Non, monsieur, dit-elle doucement.

— Pas même une dernière fois ?

Elle sembla réfléchir une seconde et répondit :
— Une dernière fois... Je veux bien.
— Quand ?
— Demain, à midi, si vous venez à la chapelle du Carmel.

Lorsque mademoiselle d'Aubelleyne eut disparu du salon, comme j'étais encore sous le saisissement de cette rencontre et de cet entretien, j'essayai, pour en dissiper l'impression, de me mêler à l'étincelante fluctuation de cette foule.

Mais, au premier coup d'œil, je sentis qu'une ombre était tombée sur toutes ces lumières ! Et qu'il ne resterait tout à l'heure de cette fête que des salles désertes, où glisseraient, comme des ombres, des valets livides sous des lustres éteints.

*
* *

Le lendemain matin, je sortis bien avant l'heure indiquée. La matinée, tout ensoleillée d'or, était de ce froid printanier dont frissonnent les rosiers rajeunis, Avril riait dans les airs, invitant à vivre encore, et, — sur les boulevards — les arbres, les vitres, poudrés de grésil comme d'une mousse de diamants, scintillaient dans une vapeur irisée.

L'esprit ému d'un indéfinissable espoir, j'avisai la première voiture venue.

Environ trois quarts d'heures après, je me trouvai devant le portail d'un ancien prieuré, Notre-Dame-des-Champs ; — je montai les degrés de la chapelle et j'entrai.

L'orgue accompagnait des voix d'une douceur si pure que leurs accents ne semblaient plus tenir de la terre. Un hémicycle, au grillage impénétrable, formait les parois antérieures du sanctuaire. Là, chantaient, invisibles, les continuatrices de Thérèse d'Avila. C'était l'office des trépassés ; un prêtre, revêtu de l'étole noire, disait la messe des morts. En face de l'autel, s'élevait, au milieu des fumées de l'encens, une chapelle ardente.

Sans doute on célébrait le service d'une religieuse de la communauté, car un drap blanc recouvrait la châsse posée très bas au-dessus des dalles, — et s'étalait jusqu'à terre en plis où se jouait, à travers les vitraux couleur d'opale, la lumière du soleil.

Les mille lueurs des cierges, flammes de la forme des pleurs, éclairaient les autres pleurs d'or du drap funéraire, — et ces feux semblaient tristement dire à la clarté du jour : « Toi aussi, tu t'éteindras ! »

Dans la nef, l'assistance, du plus haut aspect mondain, priait, recueillie; le luxe et l'air des toilettes, ces senteurs de fourrures, l'éclat des velours bleus et noirs, mêlaient à ces funérailles une sorte d'impression nuptiale.

Je cherchai du regard, dans la foule, mademoiselle d'Aubelleyne. Ne l'apercevant pas, je m'avançai, préoccupé, entre la double ligne des chaises, jusqu'au pilier latéral à gauche de l'abside.

L'offertoire venait de sonner. La grille claustrale s'était entr'ouverte; l'abbesse, appuyée sur une crosse blanche, se tenait debout, au seuil, l'étincelante croix d'argent sur la poitrine. Des sœurs de l'Observation-ordinaire, en manteaux blancs, en voiles noirs et les pieds nus s'avancèrent, et découvrirent la châsse *dont les quatre planches apparurent vides et béantes.*

Avant que je me fusse rendu compte de ce que cela signifiait, le glas, cette négation de l'Heure, commença de tinter, et le vieil officiant, se tournant vers les fidèles, prononça la demande sacrée : « Si quelque victime voulait s'unir au Dieu dont il allait offrir l'éternel sacrifice ?... »

A cette parole, il se fit entendre comme un frémissement dans l'assistance et tous les regards se portèrent vers une pénitente vêtue de blanc et voilée. Je la vis quitter sa place et s'avancer au milieu d'une rumeur de tristesse, de pleurs et d'adieux. Sans relever les yeux, elle s'approcha de l'enceinte, en poussa doucement la barrière, entra dans le chœur, ôta son voile, fléchit le genou, calme, au milieu des cierges, qui autour de son auguste visage, formaient, à présent, comme un cercle d'étoiles, — et, posant sa main virginale sur le cercueil, répondit : « Me voici ! »

Je comprenais, maintenant. C'était donc là le rendez-vous sombre que m'avait donné cette jeune fille ! Je me rappelai, dans un éclair, le terrible cérémonial dont la prise du voile est entourée pour les Carmélites de l'Observance-étroite. Les symboles de ce rituel se succédaient, pareils à des appels précipités de la pierre sépulcrale.

Et voici qu'au milieu du plus profond silence, j'entendis tout à coup s'élever sa douce voix, chantant *la formule des vœux de sa consécration...*

Ah ! Je n'ai pas à définir, ici, le mystérieux secret dont défaillait mon âme !

Soudain, l'une de ses nouvelles compagnes l'ayant revêtue, lentement, du linceul et du voile, puis déchaussée à jamais, reçut de l'abbesse les ciseaux sinistres sous lesquels allait tomber la chevelure de la pâle bienheureuse.

A ce moment, Lysiane d'Aubelleyne se détourna vers l'assemblée. Et ses yeux, ayant rencontré les miens, s'arrêtèrent, paisibles, longtemps, fixement, avec une solennité si grave, que mon âme accueillit la commotion de ce regard comme un rendez-vous éternel promis par cette âme de lumière.

Je fermai les paupières, y retenant des pleurs qui eussent été sacrilèges.

Quand je repris conscience des choses, l'église était déserte, le jour baissait, le rideau claustral était tiré derrière les grilles. Toute vision avait disparu.

Mais le sublime adieu de cette grande ensevelie avait consumé désormais l'orgueil charnel de mes pensées. Et, depuis, grandi par le souvenir de cette Béatrice, je sens toujours, au fond de mes prunelles, ce mystique regard, pareil sans doute à celui qui, tout chargé de l'exil d'ici-bas, remplit à jamais de l'ardeur nostalgique du Ciel les yeux de Dante Alighieri.

SAGACITÉ D'ASPASIE

ACTUALITÉ DE L'HISTOIRE ANCIENNE

A Francis MAGNARD.

Alcibiades, un soir, ayant retrouvé la queue de son chien dans le chignon d'or d'Aspasie pendant le sommeil de la grande hétaïre, s'accouda, pensif, sur le tapis de Corinthe, leur lit de plaisir.

Le heurt léger de ce mouvement éveilla la jeune femme ; — à l'aspect de l'objet touffu qu'examinait l'illustre éphèbe, ses regards, entre ses cils, jetèrent comme une lueur morose.

— C'est donc toi qui traitas si cruellement mon unique ami ? dit-il.

— C'est moi : pardonne ! répondit Aspasie.

— Fut-ce d'après une injonction des Dieux ?

— Oui, de Pallas !... dit-elle, sans s'émouvoir du sarcasme.

— D'après quelques officieux avis de l'Aréopage, plutôt !... Une décision, même puérile, ne suffit-elle pas à ruiner le crédit populaire ?... Va, je leur pardonne, car ils me haïssent moins qu'ils ne m'amusent.

Elle secoua la tête.

L'insidieux Athénien, la voulant contraindre à des aveux plus hâtifs, reprit, aussitôt, d'un air de souveraine indifférence :

— Oh ! garde ton secret.

Ce disant, il jeta loin sur les dalles, à travers les ténèbres bleuies par la lampe, l'objet risible et mélancolique.

Aspasie, alors, attira, sous le charme de ses lèvres, le front du jeune héros et, subtile, avec des fiertés de guerrière, en un baiser :

— Moins d'artifice, enfant! Je cède !... répondit-elle. — Pourquoi j'ai commis cet acte ?... Parce que mon cœur s'est passionné pour toi d'un clairvoyant amour.

Le fils de Clinias, à cette parole, ouvrit de grands yeux :

— Est-ce une raison pour couper la queue de mon chien ? s'écria-t-il.

Mais la grave courtisane, les yeux baignés de larmes, qui tombèrent, comme de longs diamants, avec des lueurs de collier brisé, à l'entour du cou de marbre d'Alcibiades :

— Ami, dit-elle, je suis, tu le sais, une femme dont l'esprit ne s'illusionne que pour se distraire et j'ai l'instinct aussi droit qu'une pensée de Socrate. — Écoute-moi !

La blanche créature parut se recueillir quelques instants.

— A l'âge où les autres hommes sortent à peine des gymnases, continua-t-elle, n'es-tu pas le chef auguste couronné du laurier sanglant de Potidée ? le rhéteur puissant dont la parole inquiète l'éloquence des archontes ? le politique dont la duplicité confondit celle des Envoyés perses ? Que penser de toi, jeune homme divin ?... de toi, l'amant d'Aspasie ? — A ceux qui t'accusent pour tes royales richesses, tu les prodigues, en ta dédaigneuse vengeance. Tu ne te plies, toi le plus brillant des enfants d'Athènes, que sous ta volonté ! Vois le luxe et le feu de tes débauches n'ont-ils pas interdit jusqu'au silence Tissapherne, le pâle satrape ? Et ta frugalité, plus tard, lorsqu'il te plut d'être sobre, n'a-t-elle pas étonné Diogène au point que le sombre chercheur d'hommes en laissa s'éteindre sa lanterne? — Qui donc es-tu, sceptique sauveur de patries? Tous t'admirent! Moi-même, je m'illustre encore entre tes bras et ce sentiment féminin augmente la joie de mon amour. Athènes est aussi fière que moi d'Alcibiades! Plus, même, que de Périclès! — Ainsi, je devrais être à jamais heureuse, ayant pour idéal que ton nom soit immortel, puisque, d'après tant de présages, il semble déjà ne pouvoir périr.

A ces paroles, un frémissant baiser de l'héroïque adolescent vint aspirer, sur la bouche radieuse d'Aspasie, les esprits de gloire et d'amour qui, dans le souffle enthousiaste de cette amante, s'envolaient, pareils aux effluves d'une fleur vive.

Elle reprit :

— Mais, connaissant la frivolité des hommes ingrats — et de quelles pâtures s'alimentent, dans l'Histoire, les admirations des peuples, leur souvenance des grands hommes, — je m'étais toujours sentie plus anxieuse, moi, du sort de ton nom dans les âges! Et, vois! ces derniers jours, lorsqu'aux jeux olympiques, le peuple acclamait tes triomphes de poète, d'artiste et d'athlète, j'étais désespérée.

« Hélas ! me disais-je, les hommes ne daignent ou ne peuvent se rappeler que ces héros massifs, incarnés en un seul acte, en un seul rêve, comme des statues !... Mais toi, si divers ! Toi, d'une fable où tant de traits se contredisent ! Quel rhapsode pourra jamais définir, sous tant d'aspects, l'unité de ta mystérieuse nature, et, par là, te rendre accessible à la mémoire des humains ? Ils sont vite oubliés, ceux-là dont le caractère, à la fois sublime et insaisissable, humilie l'entendement du plus grand nombre ! Quel moyen, pour contraindre la foule à se souvenir, nettement, d'un homme tel que toi ? »

« Bientôt, j'en vins à conclure :

« Aucune vulgaire mesure ne pouvant s'appliquer à ta sorte de grandeur, il faudrait ajouter à ton histoire... oui... quelque fait, aussi singulier qu'insignifiant, mais dont la futilité même s'ajustant au niveau de l'intelligence des multitudes, y imposât, d'ensemble, le rappel de tes exploits ! »

« Oh ! ce *rien*, ce trait, sans valeur peut-être, mais précis et familier, fixerait ton nom, dans l'Histoire, d'une manière bien plus indélébile que tes seuls hauts faits ! »

« Et il me sembla qu'à la faveur de ce détail moqueur (qu'il fallait imaginer et glisser dans les annales de ta vie), la mémoire de tout le sillon glorieux de tes destinées pourrait sûrement passer à l'Avenir. »

« Mais, par Minerve ! où prendre le meilleur artifice, par quel génial éclair le concevoir ? le choisir ?

« Sans lui, je croyais voir s'effacer, dans le lointain des siècles, et se disperser au vent morne qui vient des rivages du Léthé, le beau sable d'or de ta fortune. »

« Hier, dès l'aurore, et tout alarmée de ces pensées de la nuit, je sortis, longtemps voilée, de ce palais, où tu dormais encore, insoucieux du soleil. »

« Autour de moi, les marbres d'Athènes, sous nos grands oliviers, étincelaient des feux roses du matin ; là-bas, sur la colline sacrée, le temple de Pallas invitait mes pas. Un souffle des Dieux m'y conduisit. »

« Ayant sacrifié à la déesse (qui les aime) un couple de paons, celle-ci m'inspira, devant l'autel même, l'acte merveilleux qui doit, paraît-il, préserver le mieux ton nom des naufrages de l'Oubli,

— l'acte dont la méprisante ironie, comme une égide victorieuse, doit rendre le nom d'Alcibiades impérissable. — O jeune dieu, ta réelle gloire peut être ignorée des races futures !.... ta beauté, ta sagesse, ton courage, l'éclat de ton génie, tout ce que tu as accompli pour ta patrie, déjà par toi deux fois sauvée, tout cela peut vaguement s'évanouir, devenir presque inconnu ! Mais, grâce à moi, te voici sûr d'être immortel : j'ai coupé la queue de ton chien !

LE SECRET DE L'ÉCHAFAUD

A. M. Edmond de GONCOURT.

Les exécutions récentes me remettent en mémoire l'extraordinaire histoire que voici :

— Ce soir-là, 5 juin 1864, sur les sept heures, le docteur Edmond-Désiré Couty de la Pommerais, récemment transféré de la Conciergerie à la Roquette, était assis, revêtu de la camisole de force, dans la cellule des condamnés à mort.

Taciturne, il s'accoudait au dossier de sa chaise, les yeux fixes. Sur la table, une chandelle éclairait la pâleur de sa face froide. A deux pas, un gardien, debout, adossé au mur, l'observait, bras croisés.

Presque toujours les détenus sont contraints à un labeur quotidien sur le salaire duquel l'administration prélève d'abord, en cas de décès, le prix de leur linceul, qu'elle ne fournit pas. — Seuls, les condamnés à mort n'ont aucune tâche à remplir.

Le prisonnier était de ceux qui ne jouent pas aux cartes : on ne lisait, dans son regard, ni peur ni espoir.

Trente-quatre ans ; brun ; de moyenne taille, fort bien prise à la vérité ; les tempes, depuis peu grisonnantes ; l'œil nerveux, à demi-couvert ; un front de raisonneur ; la voix mate et brève, les mains saturniennes ; la physionomie compassée des gens étroitement diserts ; les manières d'une distinction étudiée ; — tel il apparaissait.

(L'on se souvient qu'aux assises de la Seine, le plaidoyer, cependant très serré, cette fois, de Mᵉ Lachaud, n'ayant pas anéanti, dans la conscience des jurés, le triple effet produit par les débats, les conclusions du docteur Tardieu et le réquisitoire de M. Oscar de Vallée, M. de la Pommerais, convaincu d'avoir administré, dans un but cupide et avec préméditation, des doses mortelles de digitaline à une dame de ses amies — madame de Pauw — avait entendu prononcer contre lui, en application des articles 301 et 302 du Code pénal, la sentence capitale.)

Ce soir-là, 5 juin, il ignorait encore le rejet du pourvoi en cassation, ainsi que le refus de toute audience de grâce sollicitée par ses proches. A peine son défenseur, plus heureux, avait-il été distraitement écouté de l'Empereur. Le vénérable abbé Crozes qui, avant chaque exécution, s'épuisait en supplications aux Tuileries, était revenu sans réponse. — Commuer la peine de mort, en de telles circonstances, n'était-ce pas implicitement l'abolir? — L'affaire était d'exemple. — A l'estime du Parquet, le rejet du recours ne faisant plus question et devant être notifié d'un instant à l'autre, M. Hendreich venait d'être requis d'avoir à prendre livraison du condamné le 9 au matin à cinq heures.

— Soudain un bruit de crosses de fusils sonna sur le dallage du couloir; la serrure grinça lourdement; la porte s'ouvrit; les baïonnettes brillèrent dans la pénombre; le directeur de la Roquette, M. Beauquesne, parut sur le seuil, accompagné d'un visiteur.

M. de La Pommerais, ayant relevé la tête, reconnut, d'un coup d'œil, en ce visiteur, l'illustre chirurgien Armand Velpeau.

Sur un signe de qui de droit, le gardien sortit, M. Beauquesne, après une muette présentation, s'étant retiré lui-même, les deux collègues se trouvèrent seuls, tout à coup, debout en face l'un de l'autre et les yeux sur les yeux.

La Pommerais, en silence, indiqua au docteur sa propre chaise, puis alla s'asseoir sur cette couchette dont les dormeurs, pour la plupart, sont bientôt réveillés de la vie en un sursaut. — Comme on y voyait mal, le grand clinicien se rapprocha du... malade, pour l'observer mieux et pouvoir causer à voix basse.

*
* *

Velpeau, cette année-là, entrait dans la soixantaine. A l'apogée de son renom, héritier du fauteuil de Larrey à l'Institut, premier professeur de clinique chirurgicale de Paris, et, par ses ouvrages, tous d'une rigueur de déduction si nette et si vive, l'une des lumières de la science pathologique actuelle, l'émérite praticien s'imposait déjà comme l'une des sommités du siècle.

Après un froid moment de silence :

— Monsieur, dit-il, entre médecins, on doit s'épargner d'inutiles condoléances. D'ailleurs, une affection de la prostate (dont, certes, je dois périr sous deux ans, ou deux ans et demi) me classe aussi, à quelques mois d'échéance de plus, dans la catégorie des condamnés à mort. — Venons donc au fait, sans préambules.

— Alors, selon vous, docteur, ma situation judiciaire est... désespérée ? interrompit La Pommerais.

— On le craint, répondit simplement Velpeau.
— Mon heure est-elle fixée ?
— Je l'ignore ; mais, comme rien n'est arrêté, encore, à votre égard, vous pouvez à coup sûr, compter sur quelques jours.

La Pommerais passa, sur son front livide, la manche de sa camisole de force.

— Soit. Merci. Je serai prêt : je l'étais déjà ; — désormais, le plus tôt sera le mieux !

— Votre recours n'étant pas rejeté, quant à présent du moins, reprit Velpeau, la proposition que je vais vous faire n'est que conditionnelle. Si le salut vous arrive, tant mieux !... Sinon...

Le grand chirurgien s'arrêta.

— Sinon ?... demanda La Pommerais.

Velpeau, sans répondre, prit dans sa poche une petite trousse, l'ouvrit, en tira la lancette et, fendant la camisole au poignet gauche, appuya le médium sur le pouls du jeune condamné.

— Monsieur de la Pommerais, dit-il, votre pouls me révèle un sang-froid, une fermeté rares. La démarche que j'accomplis auprès de vous (et qui doit être tenue secrète) a pour objet une sorte d'offre qui, même adressée à un médecin de votre énergie, à un esprit trempé aux convictions positives de notre Science et bien dégagé de toutes frayeurs fantastiques de la Mort, pourrait sembler d'une extravagance ou d'une dérision criminelles. Mais, nous savons, je pense, qui nous sommes; vous la prendrez donc en attentive considération, quelque troublante qu'elle vous paraisse de prime abord.

— Mon attention vous est acquise, monsieur, répondit La Pommerais.

— Vous êtes loin d'ignorer, reprit Velpeau, que l'une des plus intéressantes questions de la physiologie moderne est de savoir si quelque lueur de mémoire, de réflexion, de sensibilité *réelle* persiste dans le cerveau de l'homme après la section de la tête?

A cette ouverture inattendue, le condamné tressaillit ; puis, se remettant :

— Lorsque vous êtes entré, docteur, répondit-il j'étais, tout justement, fort préoccupé de ce problème, doublement intéressant pour moi, d'ailleurs.

— Vous êtes au courant des travaux écrits sur cette question, depuis ceux de Sœmmering, de Süe, de Sédillot et de Bichat, jusqu'à ceux des modernes ?

— Et j'ai même assisté, jadis, à l'un de vos cours de dissection sur les restes d'un supplicié.

— Ah !... Passons, alors. — Avez-vous des notions exactes, au point de vue chirurgical, sur la guillotine ?

La Pommerais, ayant bien regardé Velpeau, répondit froidement :

— Non, monsieur.

— J'ai scrupuleusement étudié l'appareil aujourd'hui même, continua sans s'émouvoir, le docteur Velpeau : — c'est, je l'atteste, un instrument parfait.

Le couteau-glaive agissant, à la fois, comme coin, comme faulx et comme masse, intersecte, en bizeau, le cou du patient en un *tiers* de seconde. Le décapité, sous le heurt de cette atteinte fulgurante, ne peut donc pas plus ressentir de douleur qu'un soldat n'en éprouve, sur le champ de bataille, de son bras emporté dans le vent d'un boulet. La sensation, faute de temps, est nulle et obscure.

— Il y a peut-être l'*arrière-douleur;* il reste l'à vif de deux plaies! — N'est-ce pas Julia Fontenelle qui, donnant ses motifs, demande si cette vitesse même n'a pas de conséquences plus douloureuses que l'exécution au damas ou à la hache?

— Il a suffi de Bérard pour faire justice de cette rêverie! répondit Velpeau.

Pour moi, j'ai la conviction, basée sur cent expériences et sur mes observations particulières, que l'ablation instantanée de la tête produit, au moment même, chez l'individu détronqué, l'évanouissement anesthésique le plus absolu.

La seule syncope, sur-le-champ, provoquée par la perte des quatre ou cinq litres de sang qui font éruption hors des vaisseaux — (et, souvent, avec une force de projection circulaire d'un mètre de diamètre) — suffirait à rassurer les plus timorés à cet égard. Quant aux tressauts inconscients de la machine charnelle, trop soudainement arrêtée en son processus, ils ne constituent pas plus un indice de souffrance que... le pantèlement d'une jambe coupée, par exemple, dont les muscles et les nerfs se contractent, mais dont on ne souffre plus. Je dis que la fièvre nerveuse de l'incertitude, la solennité des apprêts fatals et le sursaut du matinal réveil sont le plus clair de la prétendue souffrance, ici. L'amputation ne pouvant être qu'*imperceptible*, la *réelle* douleur n'est qu'*imaginaire*. Quoi! tel coup violent sur la tête non seulement n'est pas ressenti, mais ne laisse aucune conscience de son choc, — telle simple lésion des vertèbres entraîne l'insensibilité ataxique — et l'enlèvement même de la tête, la scission de l'épine dorsale, l'interruption des rapports organiques entre le cœur et le cerveau, ne suffiraient pas à paralyser, au plus intime de l'être humain, toute sensation, même vague, de douleur? Impossible! Inadmissible! Et vous le savez comme moi.

— Je l'espère, du moins, plus que vous, monsieur! répondit La Pommerais. Aussi, n'est-ce pas, en réalité, quelque grosse et rapide souffrance *physique* (à peine conçue dans le désarroi sensoriel et bien vite étouffée par l'envahissante ascendance de la Mort), n'est-ce point cela, dis-je, que je redoute. C'est autre chose.

— Voulez-vous essayer de formuler? dit Velpeau.

— Ecoutez, murmura La Pommerais après un silence, en définitive, les organes de la mémoire et de la volonté, — (s'ils sont circonscrits, chez l'Homme, dans les mêmes lobes où nous les avons constatés chez... le chien, par exemple), — ces organes, dis-je, *sont respectés par le passage du couteau !*

Nous avons relevé trop d'équivoques précédentes, aussi inquiétantes qu'incompréhensibles, pour que je me laisse aisément persuader de l'inconscience immédiate d'un décapité. D'après les légendes, combien de têtes, interpellées, ont tourné leur regard vers l'appelant ? — Mémoire des nerfs ? Mouvements reflexes ? Vains mots !

Rappelez-vous la tête de ce matelot qui, à la clinique de Brest, *une heure et quart après décollation*, coupait en deux, d'un mouvement des mâchoires — *peut-être* volontaire — un crayon placé entre elles !... Pour ne choisir que cet exemple, entre mille, la question réelle serait donc de savoir, ici, si c'est, ou non, le *moi* de cet homme, qui, après la cessation de l'hématose, impressionna les muscles de sa tête *exsangue*.

— Le moi n'est que dans l'ensemble, dit Velpeau.

— La moëlle épinière prolonge le cervelet, répondit M. de La Pommerais. Dès lors, *où* serait l'ensemble sensitif? Qui pourra le révéler ? — Avant huit jours, je l'aurai, certes, appris !... et oublié.

— Il tient, peut-être, à vous que l'Humanité soit fixée, à ce sujet, une fois pour toutes, répondit lentement Velpeau, les yeux sur ceux de son interlocuteur. — Et, parlons franc, c'est pour cela que je suis ici.

Je suis délégué auprès de vous par une commission de nos plus éminents collègues de la Faculté de Paris, et voici mon laisser-passer de l'Empereur. Il contient des pouvoirs suffisamment étendus pour frapper d'un sursis, au besoin, l'ordre même de votre exécution.

— Expliquez-vous... je ne vous comprends plus, répondit La Pommerais, interdit.

— Monsieur de La Pommerais, au nom de la Science qui nous est toujours chère et qui ne compte plus, parmi nous, le nombre de ses martyrs magnanimes, je viens — (dans l'hypothèse, pour moi plus que douteuse, où quelque expérience, convenue entre nous, serait praticable) — réclamer de tout votre être la plus grande somme d'énergie et d'intrépidité que l'on puisse attendre de l'espèce humaine, Si votre recours en grâce est rejeté, vous vous trouvez, *étant médecin*, un sujet compétent lui-même dans la suprême opération qu'il doit subir. Votre concours serait donc inestimable dans une tentative de... *communication*, ici. — Certes, quelque bonne volonté dont vous puissiez vous proposer de faire preuve, tout semble attester d'avance le résultat le plus négatif; — mais, enfin, avec vous, — (toujours dans l'hypothèse où cette expérience ne serait pas absurde en principe), — elle offre une chance sur dix mille d'éclairer miraculeusement, pour ainsi dire, la Physiologie moderne. L'occasion doit être, dès lors, saisie et, dans le cas d'un signe d'intelligence victorieusement échangé après l'exécution, vous laisseriez un nom dont la gloire scientifique effacerait à jamais le souvenir de votre défaillance sociale.

—Ah! murmura La Pommerais devenu blafard, mais avec un résolu sourire, — ah! — je commence à comprendre !... — Au fait, les supplices ont déjà révélé le phénomène de la digestion, nous dit Michelot. Et... de quelle nature serait votre expérience !... Secousses galvaniques?... Incitations du ciliaire?... Injections de sang artériel?... Peu concluant, tout cela !

— Il va sans dire qu'aussitôt après la triste cérémonie, vos restes s'en iront reposer en paix dans la terre et qu'aucun de nos scalpels ne vous touchera, reprit Velpeau. — Non!... Mais au tomber du couteau, je serai là, moi, debout, en face de vous, contre la machine. Aussi vite que possible, votre tête passera des mains de l'exécuteur entre les miennes. Et alors — l'expérience ne pouvant être sérieuse et concluante qu'en raison de sa simplicité même — je vous crierai, très distinctement, à l'oreille : — « Monsieur Couty de La Pommerais, en souvenir de nos conventions pendant la vie, pouvez-vous, *en ce moment*, abaisser, *trois fois de suite*, la paupière de votre œil droit en maintenant l'autre œil tout grand ouvert ? » — Si, *à ce moment*, quelles que soient les autres contractions du faciès, vous pouvez, par ce triple clin-d'œil, m'avertir que vous m'avez entendu et compris, et me le prouver en impressionnant ainsi, par un acte de mémoire et de volonté permanentes, votre muscle palpébral, votre nerf zygomatique et votre conjonctive — en dominant toute l'horreur, toute la houle des autres impressions de votre être — ce fait suffira pour illuminer la Science, révolutionner nos convictions. Et je saurai, n'en doutez pas, le notifier de manière à ce que, dans l'avenir, vous laissiez moins la mémoire d'un criminel que celle d'un héros.

A ces insolites paroles, M. de La Pommerais parut frappé d'un saisissement si profond que, les pupilles dilatées et fixées sur le chirurgien, il demeura, pendant une minute, silencieux et comme pétrifié. — Puis, sans mot dire, il se leva, fit quelques pas, très pensif, et, bientôt, secouant tristement la tête :

— L'horrible violence du coup me jettera hors de moi-même. Réaliser ceci me paraît au-dessus de tout vouloir, de tout effort humain ! dit-il. D'ailleurs, on dit que les *chances* de vitalité ne sont pas les mêmes pour tous les guillotinés. Cependant... revenez, monsieur, le matin de l'exécution. Je vous répondrai si je me prête, ou non, à cette tentative à la fois effroyable, révoltante et illusoire. — Si c'est non, je compte sur votre discrétion, n'est-ce pas, pour laisser ma tête saigner tranquillement ses dernières vitalités dans le seau d'étain qui la recevra.

— A bientôt donc, M. de La Pommerais ?

dit Velpeau en se levant aussi. — Réfléchissez.

Tous deux se saluèrent.

L'instant d'après, le docteur Velpeau quittait la cellule : le gardien rentrait, et le condamné s'étendait, résigné, sur son lit de camp pour dormir ou songer.

.

Quatre jours après, vers cinq heures et demie du matin, M. Beauquesne, l'abbé Crozes, M. Claude et M. Potier, greffier de la Cour impériale, entrèrent dans la cellule. — Réveillé, M. de La Pommerais, à la nouvelle de l'heure fatale, se dressa sur son séant fort pâle, et s'habilla vite. — Puis, il causa dix minutes avec l'abbé Crozes, dont il avait déjà bien accueilli les visites : on sait que le saint prêtre était doué de cette onction d'inspiré qui rend vaillante la dernière heure. Ensuite, voyant survenir le docteur Velpeau :

— J'ai travaillé, dit-il. Voyez !

Et, pendant la lecture de l'arrêt, il tint close sa paupière droite en regardant le chirurgien fixement de son œil gauche tout grand ouvert.

Velpeau s'inclina profondément, puis, se tournant vers M. Hendreich, qui entrait avec ses aides, il échangea, très vite, avec l'exécuteur, un signe d'intelligence.

La toilette fut rapide : l'on remarqua que le *phénomène des cheveux blanchissant à vue d'œil sous les ciseaux* ne se produisit pas. — Une lettre d'adieu de sa femme, lue à voix basse par l'aumônier, mouilla ses yeux de pleurs que le prêtre essuya pieusement avec le morceau ramassé de l'échancrure de la chemise. Une fois debout et sa redingote jetée sur les épaules, on dut desserrer ses entraves aux poignets. Puis il refusa le verre d'eau-de-vie — et l'escorte se mit en marche dans le couloir. A l'arrivée au portail, rencontrant, sur le seuil, son collègue :

— A tout à l'heure ! lui dit-il très bas, — et adieu.

Soudain les vastes battants de fer s'entr'ouvrirent et roulèrent devant lui.

Le vent du matin entra dans la prison ; il faisait petit jour : la grande place, au loin s'étendait, cernée d'un double cordon de cavalerie ; — en face, à dix pas, en un demi-cercle de gendarmes à cheval, dont les sabres, tirés à son apparition, bruirent, surgissait l'échafaud. — A quelque distance parmi des envoyés de la presse, on se découvrait.

Là-bas, derrière les arbres, on entendait les houleuses rumeurs de la foule, énervée par la nuit. Sur les toits des guinguettes, aux fenêtres, quelques filles fripées, livides, en soieries voyantes, — d'aucunes tenant encore une bouteille de champagne — se penchaient en compagnie de tristes habits noirs. — Dans l'air matinal, sur la place, des hirondelles volaient, de ci, de là.

Seule, emplissant l'espace et bornant le ciel, la guillotine semblait prolonger sur l'horizon l'ombre de ses deux bras levés, entre lesquels bien loin, là-haut, dans le bleuissement de l'aube, on voyait scintiller la dernière étoile.

A ce funéraire aspect, le condamné frémit, puis marcha résolument, vers l'échappée... Il monta les degrés d'abord. Maintenant le couteau triangulaire brillait sur le noir châssis, voilant l'étoile. Devant la planche fatale, après le crucifix, il baisa cette messagère boucle de ses propres cheveux ramassée pendant la toilette, par l'abbé Crozes, qui lui en toucha les lèvres : — « Pour *elle!...* » dit-il.

Les cinq personnages se détachaient, en silhouettes, sur l'échafaud : le silence, en cet instant, se fit si profond que le bruit d'une branche cassée, au loin, sous le poids d'un curieux, parvint, avec le cri et quelques vagues et hideux rires, jusqu'au groupe tragique. Alors, comme l'heure sonnait dont il ne devait pas entendre le dernier coup, M. de La Pommerais aperçut, en face, de l'autre côté, son étrange expérimentateur, qui, une main sur la plate-forme, le considérait !... Il se recueillit une seconde et ferma les yeux.

Brusquement, la bascule joua, le carcan s'abattit, le bouton céda, la lueur du couteau passa. Un choc terrible secoua la plate-forme ; les chevaux se cabrèrent à l'odeur magnétique du sang et l'écho du bruit vibrait encore, que, déjà le chef sanglant de la victime palpitait entre les mains impassibles du chirurgien de la Pitié, lui rougissant à flots les doigts, les manchettes et les vêtements.

C'était une face sombre, horriblement blanche, aux yeux rouverts et comme distraits, aux sourcils tordus, au rictus crispé : les dents s'entrechoquaient ; le menton, à l'extrémité du maxillaire inférieur, avait été intéressé.

Velpeau se pencha vite sur cette tête et articula, dans l'oreille droite, la question convenue. Si affermi que fût cet homme, le résultat le fit tressaillir d'une sorte de frayeur froide : *la paupière de l'œil droit s'abaissa, l'œil gauche, distendu, le regardait.*

— Au nom de Dieu même et de notre être, encore deux fois ce signe ! cria-t-il un peu éperdu.

Les cils se disjoignirent, comme sous un effort interne ; mais la paupière ne se releva plus. Le visage, de seconde en seconde, devenait rigide, glacé, immobile. — C'était fini.

Le docteur Velpeau rendit la tête morte à M. Hendreich qui, rouvrant le panier, la plaça, selon l'usage, entre les jambes du tronc déjà inerte.

Le grand chirurgien baigna ses mains dans l'un des seaux destinés au lavage, déjà commencé, de la machine. Autour de lui la foule s'écoulait, soucieuse, sans le reconnaître. Il s'essuya, toujours en silence.

Puis, à pas lents, le front pensif et grave ! — il rejoignit sa voiture demeurée à l'angle de la prison. Comme il y montait, il aperçut le fourgon de justice qui s'éloignait au grand trot vers Montparnasse.

L'INSTANT DE DIEU

A Sa Sainteté LÉON XIII, P. P.

Je ne crois pas devoir différer la notification d'une pensée, des plus insolites, que me suggèrent les nouvelles circontances où nous allons appliquer la Peine de Mort.

Voici, d'abord, les conséquences de la loi sur les exécutions à huis clos, adoptée par le Sénat, ou tout comme : ce n'est plus qu'une question de jours.

Le condamné devant être décapité désormais dans la prison, la table des expérimentateurs, toute chargée d'instruments et d'appareils électriques, sera disposée à proximité de la guillotine. Les hommes de Science recevront enfin, sans doute sous peu de temps et d'après le vœu qu'ils ont tant de fois exprimé, la tête, chaude encore, des mains mêmes de l'exécuteur. Cette tête sera donc immédiatement enserrée, à sa ligne de prosection, dans la cire ou le mastic, et mise en relation avec les reffusions de sang artériel, profluées, s'il est possible, de son tronc même — maintenu debout sous la haute table trouée. On essaiera de retarder l'insensibilité cadavérique et de constater, s'il y a lieu, dans cette tête, ainsi artificiellement réadhérente à son corps, une sorte soit de *survie*, de *présence*, ou quelque lueur de Pensée-consciente, soit d'interruption radicale de l'existence.

La presse européenne a divulgué, ces jours-ci, les expériences ultra-pénales tentées sur les pantelantes dépouilles des derniers suppliciés, en vue de découvrir quelque indice du gîte cérébral où, durant quelques secondes encore, se cramponne la volonté, le moi, l'âme. L'on n'a pas oublié le fantastique acharnement dont le fanatisme physiologique a fait preuve, alors qu'aux cahots du fourgon de justice, aux lueurs de sa mauvaise lampe, d'éminents délégués de la Faculté n'hésitaient pas à plonger, au nom de la Science humaine, leurs longues aiguilles dans le cerveau d'une jeune tête grimaçante, crispée et hagarde, —

qui, vainement, tournait ses prunelles torturées du côté où l'un de ces messieurs lui sifflait dans l'oreille — ceci *près d'une heure et demie après la décollation et au sortir du fictif enterrement de cinq minutes.*

Cette vivisection posthume atteste, une fois de plus, cette vérité majeure que « rien ne se perd dans la Nature ». En effet, du moment où la torture est abolie *avant* l'exécution, n'est-il pas tout naturel qu'elle soit appliquée *après?* La discrétion des exécutés dispense de les rendre aphones — en sorte que la délicate sensibilité des oreilles doctorales se trouve ménagée. Certes, à cet énoncé, Beccaria jetterait un cri de stupeur — Torquemada, dépassé en rigueurs par le paterne Progrès, reculerait, humilié. Mais qu'importent à l'esprit d'investigation ces scrupules... puérils, *puisqu'ils ne sont pas à la mode?* L'Humanité TOUJOURS *future* avant tout! L'individu *présent* n'est rien : découvrir à quelque prix que ce soit! pourquoi pas? Telle est la devise de cette époque de lumière, de justice et de fraternité. Donc, passons.

*
* *

De l'ensemble de ces inquiètes recherches, il paraîtrait que d'assez positives préventions viennent de s'élever touchant on ne sait quelle possibilité de surexistence brève, *au moins en certains cas de décollation*. Le fil du Couteau-justicier ne scinderait pas en deux la Pensée-vive, paraît-il, et le passage par la guillotine ne serait qu'une opération comme tant d'autres, mortelle à plus courte échéance — *pas instantanément*. Enfin, pour s'exprimer sans ambiguïté, les restes d'un décapité, aussitôt après la chute du glaive, ne seraient, assez souvent, *que ceux* d'un agonisant, *non pas encore ceux* d'un défunt.

Telle est, du moins, l'impression qui ressort, pour tout esprit réfléchi, des Études sur les mouvements réflexes, de MM. Suë et Sédillot à Claude Bernard, de Claude Bernard à MM. Brown-Séquard et aux plus récents actualistes en cette question. Et, en effet, si telle n'était pas l'arrière-pensée de la Science, de quel droit se ferait-elle profanatrice de cadavres et s'amuserait-elle à faire grimacer des décapités ?

La loi ne protège pas ces victimes.

*
* *

Oh! tout cela n'a rien qui puisse étonner le chrétien. L'Eglise a, de tout temps, permis, autorisé, — parfois, même, *prescrit* aux fidèles la créance à de certaines légendes vénérables — (celle de saint Denis, par exemple) — dont cette incertitude, presque affirmative, de la Science moderne ne fait que corroborer, pour ainsi dire, la probabilité. L'épisode de l'Evêque-martyr, marchant, son chef mitré à la main, n'est-il pas sculpté au fronton de cent cathédrales, voire de Notre-Dame de Paris? Le miracle n'est jamais tout à fait anti-naturel : tant d'animaux décapités marchent ou volent si longtemps encore, tant de reptiles, coupés en vingt morceaux, *cherchent* à se rassembler, que le plus sceptique sourire s'éteint devant une réflexion, quant à ces sortes de mystérieuses légendes, aujourd'hui.

Si donc la tête est ce membre plus nécessaire que les autres, où la Vie se localise en dernier ressort et peut être constatée, ce n'est pas le dernier soupir qui, sur nos lèvres, peut attester la mort. Souvent, en de certaines maladies — par exemple, le croup — des incisions au cou sont pratiquées, qui permettent de survivre à l'étouffement *naturel*, bien que le miroir, appliqué aux lèvres, ne se ternisse pas. — Bref, selon l'Esprit chrétien, tant que l'âme n'a point abandonné la tête, — la Tête qui reçoit ce sacrement du Baptême dont se pénètre, (*fût-il paralysé*) le reste du corps, — il ne saurait être dit, d'une manière absolue, de tel individu, qu'il est décédé.

Or, comme le Prêtre ne peut, à la rigueur, que *bénir* et non *absoudre* les restes de ceux qui, se refusant à la Foi, n'ont pas accepté l'Absolution, que de fois, sur les champs de bataille, le soldat, — frappé d'un projectile à la bouche ou à la gorge, — ou *le cou plus qu'à moitié fendu d'un coup de sabre*, — fut réduit, moribond, à répondre en toute hâte, *par des signes de paupières*, à la question précipitée d'un aumônier, afin d'en obtenir cette clef — sacrée pour les croyants — de l'évasion du monde, l'Absolution !

Et comme rien ne peut diviser qu'illusoirement l'occulte, le réel ensemble du corps, — puisque, très souvent, l'homme souffre du membre dont il fut amputé, — la tête a toujours suffi pour que le tronc des blessés bénéficiât, quand même, tout

entier, — eût-il perdu, dans la mêlée, à droite e
à gauche, bras et jambes, — de la puissance
rédemptrice du Sacrement.

Il est évident que je ne parle, ici, qu'au seul
point de vue de la Foi chrétienne, ne reconnaissant la valeur d'aucun autre point de vue, d'ailleurs, en cette question — comme en toutes
autres.

Eh bien, puisque d'une part, lorsqu'il s'agit
d'une œuvre de salut, l'Eglise n'hésite pas à s'adjoindre les ressources de la Science, et que, maintes fois, le Souverain Pontife accepta le secours...
par exemple de l'électricité (cette apparente
humiliation du tonnerre), pour expédier « par
dépêche contrôlée » l'Absolution papale à d'augustes moribonds, voire à de simples personnages pieux, — puisque, d'autre part, le prêtre, tardivement appelé au chevet d'un agonisant
évanoui, demande, tous les jours, au médecin « si
la Science ne peut faire *ouvrir les yeux*, un seul
instant, à ce malade en délire, — le temps, seulement, de lui offrir l'Absolution... et puisque, enfin,
le chrétien part de cet éternel principe que, la
Clémence de Dieu étant sans bornes, bien osé
serait celui qui (pauvre ombre obscure, demain

disparue, de tous oubliée), prétendrait, dans le temps, au nom de sa Raison d'un jour, assigner une limite à la Bonté-Libératrice, — oui, j'avoue, humblement, ne pas bien apercevoir en vertu de quel motif précis, clair, nettement exprimé, le Christianisme, ici, pour la première fois, se refuserait à suivre la Science — même sur l'extravagant terrain qu'elle vient de se choisir.

Depuis bientôt deux mille années, il a prouvé que les plus triviales railleries, les vains étonnements, les sarcastiques objections n'entravaient guère ses décisions sûres et qu'il n'a que faire d'être sanctionné par le prétendu Sens-commun de telles ou telles majorités. — En conséquence, au cas où la table d'expériences ultra-légales serait à ce point rapprochée de notre instrument de supplice, il me semblerait étrange de proscrire, *a priori*, étourdiment et comme tout à fait absurde, la mesure suivante... que nos missionnaires en Chine trouveraient peut-être aussi simple qu'orthodoxe, — eux qui subissent et voient subir, tous les jours, à leurs néophytes, le supplice d'être coupés en CENT morceaux (tête comprise), ainsi que l'on peut s'en convaincre aux Missions étrangères, rue du Bac.

⁂

Quatre heures du matin sonnent. Le prêtre et le condamné sont laissés seuls un instant, dans la cellule, pour les suprêmes paroles. Le désespéré persiste dans l'endurcissement et l'impénitence. Aucune lueur de Dieu dans cette âme trouble. Il repousse le pardon, d'un sourire, — le crucifix sublime, d'un mouvement d'épaules.

Cela s'est vu. Récemment. Hier encore.

En cette occurrence, pourquoi le prêtre, mandataire intrépide du dernier effort divin, ne prononcerait-il pas — en les modifiant selon sa souveraine prudence — des paroles analogues aux suivantes, puisque la Science paraît le lui permettre, et puisqu'au point de vue *terre à terre* il est rétribué par l'État et la Chrétienté pour accomplir son devoir jusqu'au bout :

— Mon frère, mon fils, non, je ne te dis pas adieu encore. La terrestre buée de tes sens te fait prendre trop au sérieux ce triste ciel apparent, ce sol fuyant qui t'exclut de ses ombres, ces illusions de Temps et d'Espace sur lesquelles se trame la lourde irréalité de ce monde. Cependant tout cela, d'ici à peu d'instants, ne *sera* plus, *pour Toi*, que le nul rentré en son originel néant. Et c'est au nom de cette Raison même, en laquelle tu puises le poignant courage d'affronter, sans espérance, ton propre Infini, que plusieurs de tes semblables vont tout à l'heure, prendre sur les consciences de prolonger l'étouffée et ténébreuse agonie de la Tête, après l'humaine expiation.

» Pour moi, je te parle au nom du bon Dieu. — Si, — même avec les réserves d'un doute, — il semble qu'une lueur de ton être-pensant veille, effectivement, encore, durant de brèves secondes, en cette tiède tête isolée, qui, seule, conçut et accepta les iniquités et souillures du corps, — non ! te dis-je ! tant que je pourrai juger flottante au vent de l'Abîme, en tes prunelles, cette lueur, il ne saurait être affirmé sans témérité que le Salut du Ciel est entièrement perdu pour toi. Certes entre ton cœur et ton cerveau tout rapport semblera discontinué... mais il paraîtrait *que tu es ailleurs que dans leur ensemble*. Or, peut-être qu'en cette tête, réinjectée de ton sang, où rouleront les yeux inquiets et lamentables, mon fils ! oui, peut-être qu'ALORS tu voudras ne plus refuser ce que tu repousses maintenant, — et que si tu pouvais le crier, tu le crierais!... Mon devoir est donc devenu de te confier au Dieu des miracles, pour qu'il te souvienne encore que je serai là, moi, son Prêtre, à genoux, priant seulement la prière des Agonisants, — car je n'aurai plus le droit de réciter celle des Morts, — devant cette table d'épouvantements où toutes les griffes électriques de la Science, comme des avant-courrières de celles des mauvais anges, seront déjà levées sur leur proie. Mes yeux seront aux écoutes de ton regard — au cas où je reconnaîtrai, en moi, *que tu regardes!*

» Oh! si, à travers le crépuscule de tant d'horreur solitaire, illuminant tout à coup les ruines de ta mémoire, l'idée, seule, d'une espérance en la Clémence-divine, inspirée en toi, traverse les sanglantes brumes de ton âme, traduis-la — et tu la traduiras, malgré toi, — par le tout naturel et filial regard de l'Homme vers l'EN-HAUT!

» Alors, me dressant, dédaigneux de tout respect humain et des plus éclairés sourires, fort, uniquement, de cette « FOLIE DE LA CROIX » que l'Apôtre saint Paul m'a imposée du fond des siècles et en vertu de cette Absolution-conditionnelle que mon strict DEVOIR est d'accorder, sur une lueur de VIE et de repentir, aux chrétiens qu'une blessure mortelle prive simplement de l'usage de la parole, — au nom du Verbe éternel, enfin ! si je juge ta tête encore vive et suppliante, je lèverai sur ton front mon bras, pénétré, en cette seconde, de la substantielle foi des martyrs. — Et, tout entier, ton être réel, en sa forme immortelle, indéfectible, irrévocable — et que nul tranchant ne peut diviser — m'apparaîtra dans tes yeux, mon frère ! Et tu seras, pour moi, pareil à ce Larron, ton ancêtre du Calvaire, qui, râlant aussi sur son bois fatal, obtint, quand même, et les yeux déjà voilés, l'authentique assurance du Paradis.

Parmi les ouvriers de la onzième heure, — qui furent payés de la journée comme s'ils fussent venus dès le matin, — toi, travailleur attardé, tu ne seras accouru que sur le minuit ! — Qu'importe ! Il sera temps encore, sois-en sûr. Qui donc, parmi les vivants, ces marcheurs blêmes tout couverts de folie, d'impureté et d'orgueil, oserait affirmer que ton Créateur, notre Père, te marchandera sa miséricorde, alors que tes regards — vers lui levés, en un pareil instant, du fond de tes orbites, — en appelleront de sa Justice à sa Gloire! Et de quel droit moi-même, — s'il me semble avéré que le Sauveur t'en envoie la plus vague des espérances, — au nom de quel présomptueux et dangereux scrupule, — dont Celui qui, d'un appel, fit sortir Lazare d'entre les morts, demain me demanderait compte, — hésiterais-je à t'absoudre de tes misères, à te frayer le chemin de la paix, à toi qui nous précèdes tous de si peu d'heures dans l'éternité ? — Quoi! lorsque ta tête ne pouvait encore penser, elle a été jugée digne du sacrement du Baptême et, lorsqu'elle paraîtrait témoigner — peut-être — le repentir, je lui refuserais le sacrement de la Pénitence ! »

Concluons. — Puisque la Science, avec son arsenal de prestiges, assaille, de toutes parts, la Foi chrétienne, — du moins aux yeux voilés de ceux qui ne connaissent ni l'exégèse, ni le sentiment, ni l'absolutisme de la Foi, — je ne comprends guère pourquoi Celle-ci ne se souviendrait pas qu'elle est la Fille du miracle. Si ÉTRANGE que puisse donc sembler cette convention *ante gladium* entre le prêtre et le condamné, elle ne saurait choquer que de trop délicats incrédules ! — Car, en vérité, l'on peut affirmer qu'elle n'eût semblé que BANALE aux yeux et au sentiment de ces vieux Confesseurs d'autrefois, dont les actes ont cimenté l'édifice même de l'Église.

UNE PROFESSION NOUVELLE

On lira bientôt les faits suivants, aux *Nouvelles de la Province*, sur les gazettes rédigées, comme on le sait, dans ce style équivoque et goguenard, parfois macaronique, souvent même trivial, qu'affectent (il faut bien se l'avouer) quelques trop avancés radicaux. — Ce style, qui veut sembler plaisant, ne témoigne que d'une sorte de régression vers l'Animalité.

« Récemment unie à ce brillant et déjà légendaire vicomte Hilaire de Rotybal, ce digne rejeton d'une souche des plus illustres hobereaux de l'Angoumois, la délicieuse, la jeune et mélancolique vicomtesse Herminie, hélas! de Rotybal, née Bonhomet, se promenait, hier, assez tard, dans le parc de son manoir, le bras languissamment appuyé sur celui du sous-lieutenant de cavalerie bien connu, son cousin. La nuit d'été, des plus douces, les éclairait de toutes ses étoiles. Tout à coup, provenue, croit-on, de la hauteur de certains grands arbres lointains, une détonation, pareille à celle d'un violent coup de carabine, éclata. L'exquise jeune femme jeta un cri et tomba ensanglantée entre les bras de son étincelant cavalier. Des serviteurs accoururent. Transportée dans sa chambre, l'on s'aperçut que la châtelaine était mourante : sa tête charmante était à moitié brisée par un projectile — que les hommes de l'art, mandés en toute hâte, n'ont encore pu extraire sous l'abondante chevelure, coagulée sur la blessure béante. — Ce matin, vers les dix heures moins dix minutes, après un long, spasmodique et douloureux coma, la vicomtesse a rendu l'âme. L'on va procéder à l'autopsie de l'encéphale et remettre le projectile aux mains de l'autorité.

» De graves soupçons, des charges accablantes pèsent sur son époux, dont, si l'on en croit les *on-dit*, la jalousie pouvait être, à bon droit, depuis trop longtemps éveillée. Circonstance toute spéciale : vingt minutes après l'événement, comme on recherchait de tous côtés le vicomte, nos agents l'ont happé à la gare, au moment où, valise en main, il sautait dans l'*express* de la capitale. Conduit chez M. le juge d'instruction (absent pour constatation de cinq autres crimes), M. de Rotybal a dû passer la nuit à la maison d'arrêt. Pendant le trajet, il n'a daigné parler à M. le Commissaire de police que d'une certaine *Société de Divorceurs* (?) à laquelle il voulut (vainement) télégraphier à Paris, *pour suspendre*, disait-il, *une commande importante*. — Feindrait-il déjà la démence ? L'on pense qu'au moment où paraîtront ces lignes il aura subi son premier interrogatoire. L'on s'attend à des aveux. L'émoi, dans la localité, est considérable.

» Toutefois, que nos lecteurs se rassurent : malgré le « titre » du prévenu, le clergé, cette fois, n'étouffera point l'affaire ; — le ciel n'ayant plus rien à voir, Dieu merci ! dans les démêlés de nos cours d'assises. »

*
* *

Voici, d'après le compte rendu de M. le greffier, le colloque étrange — et dont les plus sceptiques seront révoltés — qui s'est échangé, le lendemain matin, dans le cabinet de M. le juge d'instruction, cabinet où M. le vicomte de Rotybal, après sa nuit de détention préventive, a été introduit à la première heure. Le vénérable magistrat a, tout d'abord, paru quelque peu surpris à l'aspect d'un jeune homme dont la distinction de visage et de manières semblait démentir d'avance le crime odieux où l'impliquait la rumeur publique. Sévèrement menacé toutefois d'une confrontation avec la dépouille de celle que tous nommaient déjà « sa victime », le jeune gentilhomme, interrompant son interlocuteur avec ce sourire de l'homme du monde qui ne le quitte jamais :

— Monsieur, a-t-il dit, en assurant son lorgnon avec le plus grand calme, vous errez étonnamment, je dois vous en avertir. L'un des déplaisirs principaux que me cause cette énigmatique mésaventure est de me voir inculpé d'une action ridicule. Voilà bien la foule et ses vains propos ! M'embusquer, disons-nous, sur telle maîtresse branche, pour tirer, comme simple caille, une aimable femme qui, de plus, est mienne ? Et ce, par « jalousie ?... » Ah ! je doublerais trop mal, vraiment, les Tamberlick pour chanter les *Othellos* jusqu'à cet ut dièse. En me supposant même capable d'une fantaisie pareille, n'eussé-je pas eu la sagacité de me procurer, du moins, le flagrant délit ? — Laissons cela. D'ailleurs, tenez : dissipons, d'un mot, toutes ces ombres. La profession que j'exerce est incompatible avec ces exagérations d'un autre âge, monsieur : je suis divorceur.

— Plaît-il ?

— Oh ! mais d'un divorceur... à rendre des points au Sénat. — Ici, le devoir étant d'être expansif, je m'explique.

Après six mois d'union (c'est mon chiffre, en général, monsieur), je vous dirai que la vicomtesse et moi, revenus des premiers éblouissements, nous n'étions plus liés que par cette estime affectueuse qui rend si douces les confidences mutuelles. Dans le monde, nous n'accordons pas une excessive importance, voyez-vous, au fait de se prévenir l'un l'autre des inclinations nouvelles que l'on peut éprouver à la longue. Bref, pour vous notifier la véritable situation de notre ménage en trois mots, voici dans quelles conditions convenues nous avions contracté cette alliance. — Bien avant cette hyménée, mon patrimoine s'étant volatilisé, de bonne heure, aux creusets du jeu, des soupers et des femmes, j'avais dû reconnaître au plus noir d'une détresse où pas un ami ne m'eût avancé cinq cents louis, qu'il fallait être, comme on dit, de son siècle. Or, comment vivre dignement ? Noblesse oblige !... Après m'être longtemps posé cette question, je me décidai, pour ne point demeurer oisif, à fonder la Société des Divorceurs, dont je suis président.

Vous allez voir comme c'est simple. C'est l'œuf de Christophe Colomb. J'ajouterai même que c'est un secret — et que l'incident mystérieux qui me fait si absurdement votre prisonnier en pouvait seul entraîner la révélation. D'ailleurs, bast !... comme je me retire, après moi le déluge !

— Continuez... continuez..., a répondu M. le juge en ouvrant de grands yeux.

— Voici donc.

(Ici, le vicomte a pris une voix de tête et a débité avec une extrême volubilité le discours suivant) :

— Sitôt averti par nos émissaires, (de fins limiers ceux-là!) — que telle jeune personne, de famille « honorable » s'en est laissé *un peu trop* conter, je tombe, incontinent et comme du ciel, dans la province, aux frais de la Société, à 15 0/0 d'intérêts et me fais aisément présenter dans la famille consternée. Là, jetant mon nom par les croisades, je laisse entendre (avec des périphrases de la plus suave distinction, bien entendu !) que je suis prêt à sacrer d'avance, de l'écusson (d'ailleurs assez casanier, entre nous) des Rotybal, la frêle créature appelée à pénétrer prochainement en notre système solaire, — au cours d'un traditionnel voyage en Italie, par exemple. — Mais comme a su dire excellemment le poète de l'*Honneur et l'Argent*, « les affaires sont les affaires », cent gais mille francs, tout net, sont mon chiffre, au provisoire contrat de cet hymen. Ah ! vous voyez ? je suis dans le mouvement. Avec mon système, tout le monde est heureux. Bref, je suis de ceux sur la pierre desquels on inscrira : *Transiit benefaciendo*. Pour emporter la situation, je sais insinuer, même, sous mille poétiques circonlocutions, à ma fiancée, que la Nature, plus enjouée que de coutume le jour de ma naissance, *m'a doué d'une myopie... décidée.* — Six mois après, de concert avec la vicomtesse, je fais constater l'incompatibilité d'humeur, avec sévices et dissipations, au besoin concubinage, par les divers membres de notre Société, — le tout à charge de revanche, car l'union fait la force. J'accepte tous les torts, je feins l'opposition la plus furieuse... et crac ! je divorce ! laissant noms et titres à mon fils, un Rotybal sérieux, revêtu, comme vous voyez, de toutes les herbes de la Saint-Jean. Ci, donc, nos cent mille francs.

Le semestre suivant, sur un nouvel avis, j'adviens en un département vierge; fort de mes économies précédentes, quelles défiances éveillerais-je ?

Même jeu. Six mois après, crac! je divorce. Et ainsi de suite. Je fais boule de neige. — Réussir ? Question d'entraînement. Vous voyez comme c'est simple. Je vous le répète : c'est l'œuf de Christophe Colomb.

A ces paroles, M. le juge d'instruction a regardé assez longtemps, en silence, le jeune vainqueur ; — puis :

— L'ignoble cynisme avec lequel...

— Permettez! a interrompu — toujours souriant! — M. de Rotybal de sa même voix flûtée; je devais clore ma série (la demi-douzaine) à ma dernière alliance. Il faut savoir se modérer. Ma fortune se montant aujourd'hui, d'ailleurs, à ce beau million de mes rêves qui ne doit rien à personne, étant LÉGALEMENT conquis. J'allais donc me retirer des affaires, laissant ma sixième vicomtesse contempler paisiblement, avec son très cher cousin, les trois perles surannées de tous les Rotybal que bons pourront leur sembler

— (notre divorce, convenu d'avant les fiançailles, étant déjà en instance), — j'allais, dis-je, enfin recommencer à Paris, — mais, cette fois, d'une manière expérimentée et durable, cette chère et délicieuse vie de garçon, la seule qu'un gentilhomme vraiment moderne puisse et doive préférer, lorsque vos sbires m'ont prié de les suivre et m'ont narré, en chemin, la tragique aventure d'hier soir. Fort bien. Mais une mauvaise nuit est bientôt passée.

Voici qu'il fait jour. Vous êtes et devez être un homme sérieux. Réfléchissez. Comment admettre qu'avec ses principes, ce caractère — soucieux de l'amour conjugal autant que de l'une de ces cerises de couleur foncée vulgairement nommées guignes — avec ces goûts positifs, pratiques, précis, encouragés par la Loi, — j'ai commis l'insanité d'une aussi excessive esclandre ? C'est une plaisanterie. Exterminer ma femme ! Comme vous y allez ! Malpeste !... Non. Je suis trop honnête, moi, monsieur, pour tuer ma femme ! Bref, j'ai choisi l'état de mari modèle — et je m'y tiens.

— En un mot, a riposté le magistrat, pour vous refaire une fortune, vous vous êtes fait entrepreneur de polygamie légale ? Vous faites profession de remarier vos femmes légitimes?

— Vous semblerait-il préférable que je me fusse fait littérateur ?

— Avant de recourir à cette extrémité nouvelle, ne pouviez-vous solliciter quelque poste honorable ?...

— Merci ! pour me faire plaindre ? Ou pour obtenir, à force de protections, quelque emploi de graisseur de chemins de fer, — aubaine dont le diplôme n'arrive presque toujours qu'après le décès du quémandeur, comme la grâce des quatre sergents de la Rochelle ?... A d'autres ! — Mais vous savez bien, homme sérieux que vous êtes, que ruiner courageusement sa femme, s'installer à demeure chez quelque facile enfant, pousser, d'un élégant doigté, quelque carte bizeautée au cercle, et laisser dire, — bref, demeurer, à tout prix, ce qu'on appelle un homme brillant, — sera toujours mieux porté. Le reste ? Vétilles qui s'excusent ou s'oublient dans la huitaine. Croyez-moi : ne frondons pas l'opinion du monde. A quoi bon s'attirer le sourire des gens d'élite ? Vantons, par bienséance et par devoir, la morale des rêves, que ne pratique personne, soit ! mais conformons-nous à celle qui a cours: les débris des lances qu'a rompues le chevalier de la Triste-Figure sont tombés en poudre, il y a belle lurette, chez tous nos marchands de bric-à-brac. Je plains donc les retardataires endiablés et incorrigibles qui me refuseraient leur estime, dont je n'ai, d'ailleurs, cure, l'ayant pesée. — Sur ce, monsieur, comme je suis très étonné d'être veuf, — cas bizarre et que je n'avais pas prévu, — et comme le moment serait mal choisi de m'étendre davantage, souffrez que j'aille rendre enfin les derniers devoirs à celle qui n'est plus : je pense que son désolé cousin, son fiancé, le baron de Z..., a déjà pris le deuil ; de plus longs retards, de mon côté, seraient inconvenants... et, quant à l'enquête, vous instrumenterez là-bas plus sérieusement qu'ici, n'est-il pas vrai ?... Allons, partons : mon tilbury doit m'attendre en bas ; d'ici chez moi, c'est l'affaire de vingt minutes.

Ce disant, et pendant que M. le juge d'instruction l'écoutait encore, bouche à demi béante, le vicomte de Rotybal a saisi son chapeau sur une chaise et s'est levé, prêt à supplier le magistrat de passer le premier.

**

A ce point de l'entretien, M. le commissaire de

police de la ville de *** est entré précipitamment, retour du château.

Remettant un pli cacheté à M. le juge d'instruction, puis offrant un profond salut au jeune gentilhomme :

— Voici le compte rendu de l'autopsie, dressé en ma présence par les docteurs de la Faculté, a-t-il dit.

Ayant parcouru d'un coup d'œil le pli doctoral, ce fut avec une sorte de stupeur nouvelle que le magistrat donna lecture du rapport suivant, — (rédigé toujours en ce style d'ess-bouquet radical et recommandé pour le mouchoir, que nous avons préconisé au début de ce récit) :

« Monsieur le juge d'instruction,

» Nous nous empressons de porter à votre connaissance le résultat de nos examens. Ce matin, sur les huit heures, nous avons eu l'honneur d'extraire de la pulpe cérébrale de madame la vicomtesse de Rotybal le projectile qui a causé son décès. Nous ne doutons pas que votre étonnement ne dépasse, s'il se peut, le nôtre, en apprenant que ce projectile est un très curieux spécimen de l'*espèce minérale* et non point un lingot de plomb. Voici l'explication, à la fois simple et des plus bizarres, de sa présence dans l'encéphale de l'intéressante défunte.

» Monsieur le juge d'instruction voudra bien se rappeler, tout d'abord, qu'en France, durant nos belles nuits d'été, à l'époque où la Nature se recueille, pour ainsi dire, dans l'universel sentiment de l'Amour, c'est par milliers et par milliers que l'on compte (au dire de la Science la plus élémentaire) ces brillants météores, ces pierres de lune qui sillonnent, *en éclatant, parfois, avec la détonation d'une arme à feu*, notre atmosphère. Or, chose des plus singulières! il se trouve qu'après mûre analyse nous avons dû le reconnaître à n'en pouvoir douter: c'est d'un fatal hasard, de ce genre phénoménal (d'une rareté heureusement constatée), que la regrettée châtelaine a été l'innocente victime. L'explosion d'un bolide *à hauteur des grands arbres du parc* a projeté, tout bonnement, cet éclat d'aérolithe, mortel comme celui d'un obus — et d'une manière quasi perpendiculaire — sur la tête de la jeune rêveuse, hélas!... C'est donc à notre satellite, — en un mot, c'est *à la Lune* — qu'il faut nous en prendre. Notre doyen, professeur d'Histoire naturelle, a même l'honneur de demander à M. le vicomte de Rotybal l'autorisation de déposer ce funeste échantillon du ciel au musée de la ville.

» De tout quoi, nous avons attesté, en ce jour de juin 1885.

Signé : D^{rs} L*** et K***. »

— Tiens ! un miracle !... s'est tranquillement écrié M. de Rotybal à la fin de cette lecture. Et ce plaisantin du journal qui prétend à mon sujet « que le ciel ne se mêle plus de nos petites affaires !... »

Après un profond moment de silence :

— Monsieur le vicomte, vous êtes libre !... a déclaré le juge d'instruction.

M. de Rotybal, non sans un grave sourire, s'est incliné.

L'instant d'après, en bas, sur la place, au milieu d'une foule qui saluait son retour par des cris joyeux, le vicomte ayant allumé une cigarette, a crayonné, toujours correct, deux mots, à la hâte, notifiant à la Société des Divorceurs de suspendre l'instance. Il a fait porter la dépêche au télégraphe par son groom.

Puis, ressaisissant les rênes de son tilbury, le vicomte a disparu au petit trot vers son manoir.

L'AGENCE DU CHANCELIER D'OR

A Monsieur Émile PIERRE.

> La chasteté c'est du froment ; le mariage, de l'orge ; la fornication, du fumier.
>
> St-Jérome.

La récente loi, votée à plaisir par les deux Chambres, a précisé, dans un article additionnel, que « la femme légitime, surprise en flagrant délit d'inconstance, ne pourrait épouser son complice. »

Ce fort spirituel correctif, ayant singulièrement attiédi l'enthousiasme avec lequel un grand nombre de ménages modèles avaient accueilli, d'ensemble, la nouvelle inespérée, bien des fronts charmants se sont assombris; les regards, les silences, les soupirs étouffés, tout, dans les attitudes, enfin, semblait dire : « Alors, à quoi bon ?... »

— O belles oublieuses ! Et Paris ?... N'est-il pas autour de nous, tirant son feu d'artifice perpétuel de surprises étranges ? capitale à déconcerter l'imagination d'une Shéhérazade ? ville aux mille et une merveilles, où se réalise, comme en se jouant, l'Extraordinaire ?

Au lendemain de l'ukase sénatorial, voici qu'un actualiste à tous crins, un novateur de génie, le major Hilarion des Nénufars, a trouvé le biais pratique si désiré des chères mécontentes.

Il va dissiper les moues les plus rêveuses et ramener le sourire, depuis quelques jours disparu, sur les visages délicieux de nos dernières sentimentales.

Grâce à son éclairé savoir-faire, l'agence du *Chandelier-d'Or* s'est organisée : elle a conquis, dès son aurore, la vogue du Tout-Paris élégant : y recourir, sera pour les mondaines, le suprême pschuttisme, cet automne. Elle entreprend la location de... Roméos de fantaisie, de *simili-séducteurs*, lesquels se chargent, moyennant quelques futiles billets de banque, *de se laisser prendre en un flagrant délit d'adultère* FICTIF, *avec celles qu'ensuite des amants réels épouseront tranquillement dans un temps moral après l'esclandre.*

Maison de confiance.

Présentant des garanties spéciales, elle fournit, dans les conditions les plus sérieuses, les gens de paille du Divorce. Institution légale et régulière, elle s'adresse aux dames qui, désabusées d'un hymen sans idéal, sont, néanmoins, soucieuses de tenter un nouvel essai loyal du mariage.

Quant aux sécurités, le major a tout prévu ! Considérant sa mission, dans la société moderne, comme presque sacerdotale, le sympathique entrepreneur d'adultères s'étant, par délicatesse, constitué solidaire et garant de ses acolytes, ses mesures sont toujours prises, vingt-quatre heures avant chaque « séance », pour qu'il puisse, effectivement, répondre de son délégué. Car il soumet alors cet officieux Lovelace à l'ingestion d'un certain électuaire de famille, — elixir déclaré souverain par les Facultés, — et dont les propriétés bienfaisantes (noblesse oblige!) sont de rendre ses séides à ce point inoffensifs, incorruptibles, et, pour un temps, réfractaires aux plus innocentes effervescences, qu'après se l'être assimilé, ceux-ci pourraient, au besoin, doubler les Saint-Antoine sans désavantage apparent. — C'est une sorte de *Léthé-chez-soi*, qui ferait descendre à la température polaire le vif-argent du plus africain des caprices ! — Par ainsi, nul abus des situations n'est laissé loisible. C'est là le point d'honneur de la Maison. Et l'amant le plus ombrageux, après avoir confié, d'urgence, l'élue du cœur, à l'un de ces Tantales désassoiffés, peut dormir sur les deux oreilles.

Les convenances étant sauvegardées par cette ingénieuse formalité préalable (qui, d'ailleurs, s'imposait à titre d'exigible dans l'intérêt général), le monde admet tacitement, d'ores et déjà, l'entremise de ces tiers sans conséquence dans les divorces de distinction.

Toutes facilités donc, pour convoler désormais, indéfiniment, au gré de ses inclinations successives, sont offertes au public par l'agence du *Chandelier d'Or*. Quelques-unes de nos plus aimables libres-penseuses ont même pris un abonnement, pour simplifier.

.·.

Au début même de son entreprise, le major Hilarion des Nénuphars, ayant compris que, pour l'avenir de sa maison-mère, il devait s'entourer d'une auréole de représentants dignes du scabreux ministère dont il se proposait de les investir, son choix se fixa, du premier coup d'œil, sur l'élite brillante de ces jeunes hommes qui, après avoir mené des trains « princiers » aux beaux jours de l'Union Générale, avoir épuisé les amours délicates et faciles qu'offrent les plages en renom, — et s'être vu la fleur des soupers tout en lumières, se sont réveillés, un beau matin, radicalement dédorés par la soudaine rafale du Krach.

Dès ce moment psychologique, le sagace major, comme un pressentiment de ses destinées, n'avait jamais perdu de vue les principaux décavés d'entre cette jeunesse parisienne, au dehors demeurés élégants quand même, au dedans harcelés par la fringale. Aussi, lui parurent-ils, maintenant, comme noyau de fondation, les plus aptes à cet emploi de sycophantes officiels que légitimaient les restrictions de la loi. — Ce fut donc le soir même où celle-ci fut promulguée qu'il convoqua ces désillusionnés dans une salle de conférences, louée à cet effet.

La Salle solennelle de la Société de Géographie referma ur eux ses portes indiscrètes.

Là, sans ambages, ni préambules, leur ayant exposé, à grands traits son utilitaire et productive conception, le fougueux novateur, tout en remuant son verre d'eau sucrée, leur proposa d'en être les héros.

Ce ne fut qu'un cri ! L'entreprise leur sembla l'île verdoyante apparaissant aux naufragés. C'était la fortune, l'avenir ! On les reverrait au Bois, aux premières, poussant l'or sur le tapis des casinos, passer, au galop, dans la poussière ensoleillée, et le soir, entrer chez les glaciers ayant, au bras, des étoiles ! Hurrah ! Le major fut l'objet d'une telle ovation qu'elle faillit lui coûter la vie — et qu'il ne dut son salut qu'à l'énoncé précipité du « cautionnement moral, » (la formalité du *Léthé-chez-soi*,) qui, vociféré entre deux syncopes, réfrigéra, comme par enchantement, les plus enthousiastes.

Plusieurs hésitèrent. Mais bientôt, grâce à l'éloquence de l'orateur, les plus rétifs se rendirent à l'évidente nécessité de cette garantie. Une pointe de mysticisme ayant même semblé de bon goût dans la circonstance, l'on convint que la coupe de l'Oubli serait tarie en l'honneur symbolique de Sainte-N'y-touche. Ce trait gaulois acheva d'enlever les adhésions, les signatures. Une heure après, l'Agence du *Chandelier d'Or* était dûment établie et l'on se séparait pleins d'espérance.

Aujourd'hui, c'est l'engouement de Paris! L'Office fonctionne à toute heure; les actions font prime — et de hautes influences féminines désignent déjà pour le prix Montyon son séraphique fondateur.

*
* *

Ah! s'il faut tout dire, c'est qu'aussi le major des Nénuphars a fait les choses en grand seigneur et n'a rien négligé de ce qui pouvait rassurer ou satisfaire sa clientèle innombrable!

Ainsi des locaux spéciaux sont affectés aux rendez-vous suprêmes : des traités passés avec divers hôtels en vogue assurent, désormais, aux époux outragés (qui affluent) un accès facile, commode et même agréable de la chambre illégale.

Des pavillons, faciles à cerner, ornés à l'intérieur des dons les plus rares de Flore, sont mis à la disposition des divorceuses. Le mari survient, sur lettre anonyme rédigée de manière à faire bondir les plus rassis. Pour éviter d'inutiles dangers, les commissaires de police des quartiers ramifiées à l'Agence sont toujours prévenus à temps, par téléphone, et viennent offrir leurs secours, comme par hasard, dès le seuil des pavillons, aux maris hors d'eux-mêmes, — ce qui entraîne le divorce presque d'office.

Ainsi, plus de fuites précipitées sur les toits, plus de ridicules effets de balcons, plus de refroidissements ni de coups de feu démodés. Tout se passe avec une distinction parfaite, ce qui constitue un progrès réel, une flatteuse conquête sur les barbares d'autrefois.

En attendant l'apparition conjugale, nos héros lisent à ces dames quelques morceaux choisis de nos bons auteurs — ou leur racontent des histoires.

Des coiffeurs de premier ordre ont *dressé* à l'avance, les cheveux des deux « coupables » ou les ont arrangés en un savant désordre, selon le caractère de l'époux.

Par un subtil sentiment des convenances, où se reconnaît derechef l'exquise délicatesse du major, c'est un phonographe, caché dans la muraille, qui entrecoupe, ému par l'électricité, différentes phrases passionnées, spasmodiques et incohérentes, pendant que ces messieurs heurtent à la porte, avec l'indignation réglementaire, et prennent acte.

Afin de mettre le Divorce à la portée de toutes les fortunes, il y a des Flagrants-Délits, de 1re, de 2e et de 3e classe, comme pour les enterrements.

Les *Funérailles de l'honneur.*

Les bureaux de l'Agence sont installés naturellement rue du Regard ; le portail est surmonté du buste emblématique de Platon : les factures de la Maison du *Chandelier d'Or* sont revêtues, comme fière devise, de l'adage diplomatique célèbre : « *Non possumus.* »

Tant le cachet. Secret professionnel. Discrétion d'honneur.! Pas de succursales à Paris. Prix fixe. (Éviter les contrefaçons.)

*
* *

En résumé, cette intelligente entreprise — à l'authenticité de laquelle nous ne pouvons encore ajouter foi qu'avec beaucoup de peine, — serait, en tout cas, inévitable, dans un prochain avenir, grâce à la façon dont on a libellé le restrictif de la Loi du divorce.

Le but n'est-il pas légitime ?

Régulariser la situation fausse où les âmes-sœurs s'étiolent trop souvent ici-bas, dans la société.

Quant au grand nombre de ses employés, puisqu'elle les alimente et les occupe, n'est-elle pas un dérivatif, une soupape de sûreté par laquelle s'évapore la fumée sociale de ces minorités négligeables dont l'oisiveté famélique nous eût tôt ou tard menacés ?...

Maintenant au point de vue moral, puisque, d'après la loi, les anciens vœux sacrés du mariage ne peuvent plus être, en France, que *conditionnels*, n'est-il pas logique, après tout, que les vieux parjures de l'adultère deviennent *fictifs?* Comédiens d'un côté, fantoches de l'autre.

Aujourd'hui, en France, l'idéal étant d'être libre, sachons prouver qu'ici encore notre sagesse est au-dessus de toute onéreuse fidélité.

*
* *

Mais voici bien d'une autre chose! Chose étrange! Malgré les minutieuses précautions prises par le major Hilarion des Nénufars, la pruderie s'est effarouchée, — non sur le fond, mais sur la forme — des Flagrants-Délits artificiels ! — Bref, quelques brunes piquantes, du plus haut parage, ont allégué, sûres d'elles-mêmes, que la cérémonie du *Léthé-chez-soi* ne les rassurait qu'à demi.

Pour obvier à l'inconvénient qu'entraîne l'excès de séductions de toutes ces belles alarmées, le major, tranchant cette fois le nœud gordien à la manière d'Alexandre, vient de créer une annexe de sa maison, l'*Oriental Office*.

Il fait venir, en toute hâte, de Constantinople, un groupe, — trié, comme on dit, sur le volet, — d'ex-gardiens du sérail, licenciés depuis le si tragique décès du feu sultan.

Ces types orientaux, revus de bonne heure, on le sait, par les entrepreneurs coptes, sont blancs, beaux, intrépides et athlétiques : ils doubleront leurs précédents collègues, pour les personnes timides. Une particularité morale qui leur est commune les dispense de la formalité de l'élixir d'Oubli.

Mustapha-ben-Ismaïl, séduit par l'innovation turque de l'idée, acceptait déjà de nous céder, assure-t-on, les deux superbes échantillons que toute la presse a rendus les lions du jour; mais, par un scrupule de conscience, l'Agence a refusé de les acquérir « à cause de leur couleur sombre. »

A la nouvelle de cette Annexe, la joie du monde brillant est devenue sans mélange : nos élégantes raffolent déjà de leurs futurs « patitos » et les « actions » (ironie!) des jeunes décavés ont baissé quelque peu.

Le dernier mot du bon goût sera, pour ces dames, d'être aux petits soins avec leurs illusoires Sigisbés, et pleines d'attentions charmantes!... — de les combler de petits cadeaux, de sucreries, de ces mille dédommagements délicats que le sexe enchanteur, hors de pair dans toutes ces questions de tact, sait si bien imaginer.

Au surplus, une délégation de jeunes inconstantes, nanties de bouquets symboliques, attendra, sur la plage de Nice, à l'ombre des frais orangers, le vaisseau qui nous amène ces courageux incompris. Les folles exquises leur ménagent une ovation ! Voilà bien l'engouement de Françaises pour tout ce qui est nouveau !

Elles veulent s'efforcer de leur faire oublier » la patrie » à ces enfants gâtés !

— Hum ! ce sera difficile.

Chacun aime, en effet, le sol qui l'a vu naître, le pays où son enfance reçut les premiers soins, où les yeux, en s'ouvrant au jour, aperçurent des regards amis lui souriant autour de son berceau.

Oui, certaines impressions d'enfance sont ineffaçables.

En tous cas, s'ils se font naturaliser, voilà des électeurs qui vont réclamer la révision de leurs constitutions avec des cris de paon.

— Allah ! Allah ! oh ! l'Allah !

Cela va renforcer la majorité sénatoriale. La gauche prétend déjà que ce sera le chant du cygne de l'Opportunisme. L'étonnant sera qu'après un certain nombre de bruyants procès, chacun de ces messieurs de Byzance pourra s'être acquis, sans efforts, un renom de nature à éclipser la gloire de don Juan ! Voilà, pourtant, comme on écrit l'Histoire.

Et, déjà, quel foudroyant succès ! Craignant de ne pouvoir suffire aux commandes, cet hiver, le major télégraphie tous les soirs en Asie, afin de parer à toute éventualité.

Allons, messieurs, la main aux dames! Prenez vos billets à l'agence du *Chandelier d'Or !* Et puisque le Sénat le permet, que tout finisse par des chansons!

LA LÉGENDE DE L'ÉLÉPHANT BLANC

L'an dernier, lord W*** résolut de doter le *Zoological Garden* d'un véritable éléphant blanc.

Fantaisie de grand seigneur.

Londres venait d'acquérir, à grands frais, un éléphant gris-poussière, clairsemé de taches rosées ; mais cette prétendue idole indo-chinoise n'était, à dire d'experts, que de qualité douteuse. D'après eux, le prince birman qui, moyennant un million, l'avait accordée à l'avisé Barnum, avait dû, pour surfaire l'animal, feindre le sacrilège de ce trafic... ou, plutôt, si le *Zoological Garden* avait accordé la moitié seulement de ce prix, le fameux *puffist* devait être, à coup sûr, maintes fois rentré dans ses réels débours.

En effet, si, dans plusieurs parages de la Haute Asie, tel pachyderme de cette espèce plus que rare est revêtu du caractère sacré qui lui confère une souveraine valeur, c'est au seul cas où, dûment albinos, il n'éveille que l'idée très pure d'une ambulante et intacte « colline de neige » ; quant aux éléphants de couleur imprécise, ou mouchetés de tares quelconques, ils n'y sont honorés que d'une superstition très vague, sinon tout à fait nulle.

Lord W..., donc, par orgueil national, conçut, pour en finir, le dessein d'enrichir l'Angleterre (mais incontestablement, cette fois) de la vraie bête auguste, réputée introuvable.

L'idée lui en avait été suggérée par la secrète confidence d'un grand touriste de ses amis. Celui-ci, déterminé voyageur, s'était aventuré durant de longues années, au profond de ces mystérieuses forêts qu'arrose ce Nil birman aux sources tartares, l'Irawaddi. Or, affirmait-il, au cours de ses explorations à travers les villes perdues, les ruines mortes des temples, les rivières, les lumineuses vallées de Minnapore, il lui était advenu, par une certaine belle nuit, d'entrevoir — dans la lueur d'une clairière peu distante d'une vieille ville sainte, — le mystique éléphant blanc dont la couleur se confondait avec le clair de lune et que promenait, en chantonnant des prières, un hiératique *mahout*. — Sur une carte spéciale était marquée, vers le 22ᵉ degré de latitude, la cité reculée aux environs de laquelle il avait relevé l'insolite apparition.

L'on sait qu'en Birmanie, les éléphants privés ou sauvages, sont la propriété de l'empereur, qui les réquisitionne en temps de guerre. Il est de coutume inviolable que ce monarque possède un éléphant, d'une blancheur idéale, auquel il donne un palais, des officiers et le revenu d'un district territorial affecté à l'entretien de ce personnel. La loi religieuse interdit de laisser sortir de la contrée un seul des trois ou quatre éléphants en qui se réalise, par siècle, le phénomène de l'espèce blanche, — car une tradition bouddhique *prédit la fin de l'Empire, du jour où l'on verrait l'un d'entre eux en d'autres pays.* (La guerre sanglante de Siam, il y a deux siècles, ne fut déclarée que pour la possession d'un de ces fantastiques animaux, que le roi de Siam se refusait à céder aux Birmans). Les dernières conquêtes des Anglais, — qui viennent d'occuper Mandalay après avoir si longtemps et si patiemment concentré leurs troupes dans les marécages du district d'Assam, — seraient compromises dès l'heure où quelqu'un de leurs délégués réclamerait le tribut d'une « colline de neige » : ce serait, de tous côtés, contre eux, une révolte sainte, sans merci ni trêve. Quant aux étrangers, aux particuliers intrépides qui seraient surpris essayant de dérober un éléphant sacré, nulle intervention ne les préserverait de la plus atroce, de la plus prolongée des morts.

Comme on le voit, le projet caressé par le noble Anglais présentait diverses difficultés d'exécution. Toutefois, ayant mandé l'illustre dompteur Mayëris et lui ayant remis la carte, ainsi que la nomenclature des dangers inhérents à l'entreprise, il lui offrit, le défrayant lui et ses hommes, une somme de deux millions cinq cent mille francs (100.000 liv. st.) si, parvenu à capturer et conduire jusqu'à la mer, à travers les peuplades birmanes, l'éléphant indiqué, l'audacieux belluaire, l'ayant transporté d'Asie en Angleterre, le lui livrait en Tamise « rendu à quai » pour le *Zoological Garden*.

Mayëris, d'une main toute traversée par les crocs de ses lions, s'était pensivement caressé la barbe en écoutant le lord. Après un instant de silence, il accepta.

Sitôt le traité en poche, quelques jours lui suffirent pour s'adjoindre une demi-douzaine de *bas-*

de-cuir, d'un sang-froid et d'une expérience à l'épreuve. Puis, en homme pratique, s'étant dit que, pour enlever à travers les menaçantes étendues d'un tel pays, un éléphant blanc, il était, d'abord, indispensable *de le teindre*, le dompteur chercha quelle teinture provisoire pourrait le mieux résister aux intempéries éventuelles — et finit par s'approvisionner, tout bonnement, de quelques barils de l'Eau pour barbe et cheveux la plus en vogue chez la *gentry*. Une fois toutes autres acquisitions nécessaires terminées, un fort navire marchand fut nolisé pour l'expédition et le transport de la bête ; on prévint l'Amirauté : des télégrammes furent adressés au gouverneur anglais d'Assam, l'avertissant de prodiguer toute sa bienveillance à la tentative — et l'on partit.

..

Environ trois mois après, Mayëris et ses compagnons, arrivés depuis longtemps en Asie, avaient remonté le Sirtang sur un radeau de madriers construit en vue du rapt qu'ils se proposaient d'accomplir. A force d'adresse et de bons hasards, ils

7

étaient parvenus, longeant les solitudes, à quelques milles de la vieille cité sacerdotale précisée sur la carte révélatrice. Lorsque ces veilleurs, sans cesse aux aguets, eurent, eux aussi, aperçu l'animal, ils s'installèrent aux alentours de la ville sur la lisière d'une immense forêt aux bords mêmes du Sirtang. Le radeau, cerclé de caisses d'air et de larges plaques de liège, était couvert de branchages et de feuilles : amarré contre l'endroit du rivage qu'il prolongeait de plain-pied, il semblait un îlot.

Pour motiver leur présence et gagner les regards favorables, ils avaient commencé, en simples chasseurs de fourrures, par détruire un couple de ces grands tigres longibandes qui, avec le rhinocéros, terrorisent ces régions. Puis, profitant des bonnes grâces que ce brillant début leur avait attirées, ils avaient su épier, distraitement, les habitudes, en forêt, de l'éléphant blanc et de son *mahout*. Ils s'étaient même acquis, en des occasions, quelque sympathie de l'un et de l'autre, par des signes de vénération et des présents. Donc, le jour où Mayëris jugea le moment opportun, toutes mesures étant prises, il disposa ses hommes pour l'embuscade.

L'éclaircie où l'on se tenait à l'affût, non loin du fleuve où l'éléphant venait boire aux clartés des astres, était presque toujours déserte, surtout la nuit. A travers les larges feuilles et les lianes pendantes des aréquiers géants, des mangliers, des palmiers-palmyres, les aventuriers aperçurent, au loin, les dômes aux stellures dorées, les flèches des temples, les marbres des tours de la ville consacrée à l'éternel Gadâma Bouddhâ. Et, cette fois, le merveilleux de cette vision leur sembla menaçant ! L'antique prophétie populaire du pays secouait, comme une torche, au fond de leurs mémoires, sa flamme superstitieuse : « *Le jour où d'autres peuples verraient chez eux un éléphant blanc de la Birmanie, l'Empire serait perdu.* » Le coup résolu leur parut donc, en ce moment, si dangereux et de risques si sombres, que, tout *bas de cuirs* qu'ils fussent, ils convinrent de se faire mutuellement l'aumône d'une prompte mort, au cas où ils seraient découverts et cernés, afin de ne pas tomber vivants entre les mains cruelles des talapoins de la Sacrificature. D'ailleurs, ayant enduit d'huile minérale plusieurs des arbres environnants, ils étaient parés pour mettre le feu dans les bois à la première alerte.

Sur le minuit, la psalmodie monotone du *mahout* s'éleva, d'abord lointaine, puis, s'approchant scandée par les pas massifs de la monture. Bientôt l'homme et la majestueuse bête apparurent, se dirigeant vers le fleuve. Mayëris, qui, jusqu'alors, s'était tenu adossé sous l'ombre d'un boabab, s'avança de quelques pas dans la clairière. La rencontre du dompteur, accoutumée en ce lieu solitaire, ne pouvait éveiller aucune défiance : qui donc eût osé rêver l'effrayante extravagance qu'il méditait? Ayant échangé avec le diseur de prières un bon souhait nocturne, il vint auprès de l'animal qu'il flatta de la main, tout en faisant remarquer au *mahout* la beauté du ciel.

Au moment où l'éléphant se penchait vers le fleuve, l'un des chasseurs, se dressant dans les hautes herbes, lui ajusta, pour l'assoupir, — et avec la rapidité de l'éclair, — les ressorts d'acier d'une bonbonne de chloroforme à l'extrémité de la trompe. La bête, en un moment suffoquée, brûlée, étourdie, agitait en vain, de tous côtés, son proboscide, brandissant et secouant, au hasard, l'asphyxiante mais tenace bonbonne : l'aspiration de chaque effort l'engourdissait davantage. Le pieux cornac, la sentant vaciller, sortit enfin de son extase et voulut sauter à terre. Il y fut reçu par Mayëris et l'un des siens qui, en un clin d'œil, le bâillonnèrent et le lièrent pendant que les autres étayaient, à droite et à gauche, avec de forts troncs d'arbustes, l'éléphant à présent comateux et plus qu'à demi pâmé. Vite on enleva, de la courbure des défenses, les ornements d'or, les bracelets de pierreries dont les femmes de la ville les avaient surchargées — et l'on ouvrit les barils ; quatorze bras expéditifs se mirent alors à le badigeonner de la queue à ses larges oreilles, imbibant d'une double couche de la pénétrante liqueur jusqu'aux derniers replis de la trompe. Dix minutes après, l'éléphant sacré complètement travesti, à l'exception des ivoires, était devenu nègre. L'on profita du moment psychologique où l'animal semblait revenir à soi-même pour l'attirer, docile, vers le radeau. Dès qu'il s'y fut avancé, ses vastes pieds y furent saisis en de grosses entraves d'acier-fer. L'on déploya la tente au-dessus de lui, en toute hâte ; l'on jeta le *mahout* sur un lit de feuillages, on décrocha les amarres et — *for ever!*

Maintenant le rapide courant, plus puissant que deux hélices, entraînait les ravisseurs et leur prise vers les possessions anglaises. Au petit jour, l'on était à vingt lieues. Encore deux jours et une nuit, et l'on serait hors de toute atteinte.

Combien de temps d'ailleurs n'avait-il pas fallu, derrière eux, pour s'apercevoir de cette disparition? pour les recherches, pour les conjectures? — avant d'admettre, enfin, la possibilité de l'événement? Il était déjà bien tard pour les poursuivre! Quant à ceux des rivages, la couleur normale de la capture rendait l'expédition toute simple. L'on charma donc les ennuis de la longue route en retouchant l'éléphant dont la torpeur ne s'était pas encore dissipée. La surprise du *mahout* avait été plus terrible : il était mort. Ce fut donc l'affaire d'une pierre au cou, le soir qui suivit.

Enfin, Mayëris et les siens arrivèrent : ils étaient attendus. L'apparente noirceur de l'animal avait quelque chose qui impressionnait à première vue, mais les officiers anglais, comme de raison, gardèrent le secret — et, cette fois, ce fut sous bonne escorte que l'on atteignit la mer, où le navire, en panne depuis deux lunes, embarqua l'énorme proie.

Lorsque, après une traversée des plus paisibles, les impatients héros aperçurent enfin les côtes de l'Angleterre, ce fut un hurrah de joie saluant l'espérance, la renommée, le succès, la fortune. A l'arrivée en Tamise, on pavoisa. Victoire ! *God protect old England !* Un colossal *tender* du railway suburbain transporta l'animal, à peine débarqué, au *Zoological Garden* : lord W***, accouru sur télégramme, s'y trouvait déjà chez le directeur.

* *

— Voici l'éléphant blanc ! s'écria Mayëris radieux. Mylord, veuillez bien nous délivrer le chèque promis sur la banque d'Angleterre?

Il y eut un moment de silence, bien naturel, devant la sombre physionomie de la bête.

— Mais, — mais il est noir, monsieur, votre éléphant blanc? finit par murmurer le directeur.

— Ce n'est rien ! répondit en souriant le dompteur. C'est que nous avons été obligés de le teindre pour l'enlever.

— Alors, s'il vous plaît, déteignez-le ! répliqua lord W***, car, enfin, nous ne pouvons proclamer blanc ce qui est noir.

Le lendemain Mayëris revint, avec les chimistes nécessaires, pour procéder sans délais à l'opéra-

tion. Ceux-ci s'acharnèrent donc à relotionner aussitôt de réactifs puissants le malheureux pachyderme qui, roulant ses regards albinos, paraissait se demander avec inquiétude : « — Ah! çà, qu'ont donc ces hommes à m'humecter, de la sorte, à chaque instant?... »

Mais les acides de la teinture initiale avaient pénétré profondément l'épais tissu cutané du proboscidien, de sorte qu'en se combinant avec les acides, ces réactifs, appliqués à l'étourdie, produisaient un résultat inattendu. Loin de reprendre sa teinte natale, l'éléphant était devenu vert, orange, bleu-de-roi, cramoisi, gorge de pigeon, — chatoyait et passait par toutes les nuances de l'arc-en-ciel : sa trompe — pareille au pavillon bariolé d'une nation inconnue, durant une accalmie, — pendait, immobile, contre le long du mât peinturluré d'une de ses jambes immenses — si bien que, dans un saisissement, le directeur émerveillé s'écria :

— Oh! laissez-le! de grâce! n'y touchez plus! Quel monstre fabuleux! c'est l'éléphant-caméléon! certes, on viendra des bouts de l'univers pour voir cette bête des *Mille et une Nuits*. — Positivement, jamais, non jamais, sur la surface planétaire que nous occupons, on n'a salué pareil être avant ce beau jour! — du moins, j'inclinerais fortement à le croire.

— En vérité, monsieur, c'est possible! répondit lord W*** en lorgnant aussi l'extraordinaire vision : mais, — aux termes du traité, M. Mayëris doit me le livrer blanc et non point versicolore. Le *blanc*, seul, constitue le *valeur morale* dont j'offre cent mille livres. Qu'il lui restitue donc sa couleur primitive ou je ne prierai pas. Mais... comment, désormais, prouver qu'un tel épouvantail est un éléphant blanc!

*
* *

Ce disant, lord W***, remettant son chapeau, s'éloigna, comme se refusant à toute discussion.

Mayëris et ses *bas-de-cuirs* considéraient en silence le désolant animal qui ne voulait pas blanchir; soudain, le dompteur se frappa le front.

— Monsieur le directeur, demanda-t-il, de quel sexe sont vos éléphants du *Zoological Garden*?

— Un seul est du sexe féminin, répondit celui-ci.

— Fort bien! s'écria Mayëris triomphant : croisons-le! J'attendrai les vingt mois réglementaires de la gestation : le rejeton mulâtre, devant les tribunaux, fera preuve de la race blanche de celui-ci.

— Ce serait une idée, en effet, murmura le directeur — et, ajouta-t-il d'un ton narquois, vous obtiendrez, sans doute, ainsi, un éléphant café au lait.. s'il n'était notoire que l'éléphant captif se refuse rigoureusement à toutes les joies de la paternité.

— Fables ! comme leur prétendue pudeur, tout cela ! monsieur ! répondit le dompteur : on a, là-bas, mille exemples du contraire. D'ailleurs les uns d'un éléphant blanc sont autres. Pour le surplus, je saupoudrerai, dût-il en périr, sa nourriture des aphrodisiaques les plus violents — et que le sort en décide !

Le soir même, le dompteur, tout ravi, se frottait les mains, ayant acquis la certitude de ses nouvelles espérances.

Par contre, à l'aurore suivante, la démesurée bête fut trouvée inanimée par les gardiens dans la maison des éléphants. La dose de *Chin-sing* avait été trop forte : il était mort d'amour.

— Soit ! gronda Mayëris à cette nouvelle ; mais, maintenant, je puis attendre en sécurité toutes mesures abortives seraient une déloyauté dont je sais mes adversaires incapables. Seulement, cette perte de mon capital me porte un coup irréparable, car, à la longue, en trois ou quatre ans peut être : j'en ai la conviction, sa peau vivante eût repris sa nuance naturelle.

Sur ces entrefaites, un ultimatum de lord W*** parvint à Mayëris : l'Anglais lui notifiait, une fois pour toutes, que « s'en tenant aux termes du traité, il ne se reconnaîtrait point débiteur pour un éléphant mulâtre, — qu'en tout cas, improuvant la mésalliance provoquée, il offrait cinq mille livres d'indemnité pour étouffer l'affaire en conseillant au dompteur de retourner se procurer un autre éléphant blanc et, cette fois, de le moins bien teindre. »

— Comme si l'on pouvait enlever deux éléphants blancs dans sa vie ! grommela le belluaire furieux. C'est bien ! on plaidera.

Mais, attorneys et solicitors lui ayant assuré la perte de sa cause, Mayëris en soupirant, se contenta de frapper d'opposition le rejeton futur de son défunt prisonnier, nomma un curateur, accepta les cinq mille livres pour ses hommes et quitta Londres.

Depuis, lorsqu'il raconte avec mélancolie cette aventure — trop fantaisiste pour n'être pas incroyable — il ajoute, d'un étrange timbre de voix où semblent ricaner on ne sait quels esprits lointains :

— « Gloire, succès, fortune ? Vapeurs et nuages ! Avant-hier un royaume fut perdu pour un coup d'éventail donné, hier un empire se dissipa pour un coup de chapeau non rendu ; tout dépend d'un rien. Enfin, n'est-ce pas mystérieux ? Si la vieille prédiction, si l'augurale menace du dieu de là-bas est digne de la foi qu'elle inspire à tant de millions d'hommes, à quoi donc a tenu l'empire birman ?.. A ce qu'hélas ! au lieu de me prémunir, à la légère de cette Eau fatale, pour teindre et ravir l'éléphant sacré de Gâdama-Bouddhâ, je n'ai pas songé à remplir, tout simplement et comme un symbole ! mes lourds barils de fer... *d'un peu de noir de fumée !* »

CATALINA

A Monsieur Victor WILDER.

— « Ma délicieuse et solitaire villa, sise aux bords de la Marne, avec son enclos et son frais jardin, si ombreuse l'été, si chaude l'hiver, — mes livres de métaphysique allemande, mon piano d'ébène aux sons purs, ma robe de chambre à fleurs éteintes, mes si commodes pantoufles, ma paisible lampe d'étude, — et toute cette existence de profondes songeries, si chère à mes goûts de recueillement, — oui, je résolus, par un beau soir d'été, d'en secouer les charmes durant quelques semaines d'exil.

Voici. Pour me détendre l'esprit de ces abstraites méditations, auxquelles j'avais trop longtemps consacré, — me semblait-il enfin, — toute ma juvénile énergie, je venais de concevoir le projet d'accomplir quelque gai voyage, *où les seules contingences du monde phénoménal distraieraient, par leur frivolité même, l'anxieux état de mon entendement quant aux questions qui l'avaient, jusque-là, préoccupé.* Je voulais... ne plus penser, me reposer le mental ! sommeiller les yeux ouverts comme un vivant convenu. — Un tel voyage de récréation ne pouvait, d'abord (ce présumai-je), qu'être utile à ma chère santé, car je m'étiolais, en vérité, sur ces redoutables bouquins ! — Bref, d'après mon espoir, pareille diversion me rendrait au parfait équilibre de moi-même et, certes, j'apprécierais, au retour, les nouvelles forces que cette trêve intellectuelle m'aurait procurées.

Voulant m'éviter, en cette excursion, toute occasion de penser ou de rencontrer des penseurs, je ne voyais guère, sur la surface du globe, — (à l'exception de pays tout à fait rudimentaires), — oui, je ne voyais qu'une seule contrée dont le sol fantaisiste, artistique et oriental n'a jamais fourni de métaphysiciens à l'Humanité. A ce signalement, nous reconnaissons, n'est-il pas vrai ? la Péninsule Ibérique.

Ce soir-là, donc, — et à cette réflexion décisive,

— assis en la tonnelle du jardin, où, tout en suivant, du regard, les spirales opalisées d'une cigarette, je savourais l'arôme d'une tasse de pur café, je ne résistai pas, je l'avoue, au plaisir de m'écrier : « Allons ! vive la fugue joyeuse à travers les Espagnes ! Je veux me laisser à mon tour, séduire par les chefs-d'œuvre du bel art sarrasin ! par les ardentes peintures des maîtres passés ! par la beauté apparue entre les battements de vos éventails noirs, pâles femmes de l'Andalousie ! Vivent les villes souveraines, au ciel enchanté, aux chatoyants souvenirs, et que, la nuit, sous ma lampe, j'ai entrevues dans les récits des touristes ! A moi aussi Cadix, Tolède, Cordoue, Grenade, Salamanque, Séville, Murcie, Madrid et Pampelune ! — C'est dit : partons. »

Toutefois, n'aimant que les aventures simples, les incidences et les sensations calmes, les événements en rapport avec ma tranquille nature, je résolus, au préalable, d'acheter l'un de ces *Guides du Voyageur*, grâce auxquels on sait, à l'avance, *ce que l'on va voir* et qui préservent les tempéraments nerveux de toute émotion inattendue.

Ce devoir dûment rempli dès le lendemain, je me nantis d'un portefeuille modestement mais suffisamment garni ; je bouclai ma légère valise ; je la pris à la main — et, laissant ma gouvernante stupéfaite à la garde de la maison, — je me rendis, en moins d'une heure, en notre capitale.

Sans m'y arrêter, je criai à un cocher de me conduire à la gare du Midi. — Le lendemain, de Bordeaux, j'atteignis Arcachon. Après une bonne et rafraîchissante plongée dans la mer, suivie d'un excellent déjeuner, je m'acheminai vers la rade. — Un steamer, justement en partance pour Santander, *Le Véloce*, m'apparut. J'y pris passage.

On leva l'ancre. Sur le déclin de l'après-midi, le vent de terre nous apporta de subits effluves de citronniers, et, peu d'instants après, nous étions en vue de cette côte espagnole que domine la charmante cité de Santander, entourée à l'horizon, de hauteurs verdoyantes.

Le soir violaçait la mer, dorée encore à l'Occident : contre les rochers de la rade s'écroulait une écume de pierreries. Le steamer se fraya passage entre les navires ; un pont de bois, lancé de la jetée, vint s'accrocher à la proue. A l'exemple des autres passagers, j'abordai, puis m'engageai sur le quai rougi du soleil, au milieu d'une population nouvelle.

On débarquait. Les colis, pleins d'exotiques produits, les cages d'oiseaux d'Australie, les arbustes, heurtaient les caisses de produits des Iles ; une odeur de vanille, d'ananas et de coco, flottait dans l'air. D'énormes fardeaux, étiquetés de marques coloniales, étaient soulevés, chargés, s'entrecroisaient et disparaissaient, en hâte, vers la ville. Quant à moi, le roulis m'ayant un peu fatigué, j'avais laissé ma valise à bord et j'allais me mettre en quête d'une hôtellerie provisoire où passer une première nuit, lorsque, parmi les officiers de marine qui se promenaient sur la jetée en fumant et en prenant l'air de mer, je crus apercevoir le visage d'un ami d'autrefois, d'un camarade d'enfance, en Bretagne. L'ayant bien regardé, oui, je le reconnus. Il portait l'uniforme de lieutenant de vaisseau ; je vins à lui.

— N'est-ce pas à M. Gérard de Villebreuse que j'ai l'honneur de parler ? lui demandai-je.

J'eus à peine le temps d'achever. Avec cette effusion cordiale qui s'échange d'ordinaire entre compatriotes se rencontrant sur un sol étranger, il m'avait pris les deux mains :

— Toi ! s'écria-t-il ; comment, toi, ici, en Espagne ?

— Oh ! simple excursion d'amateur, mon cher Gérard !

En deux mots je le mis au courant de mon innocente envolée.

Bras dessus, bras dessous, nous nous éloignâmes, liant causerie, ainsi que deux vieux amis qui se retrouvent.

— Moi, me dit-il, je suis ici depuis trois jours. J'arrive de plusieurs tours du monde, et, pour l'instant, des Guyanes. J'apporte au Musée zoologique de Madrid des collections d'oiseaux-mouches, pareils à de petites pierres précieuses incrustées d'ailes ; puis des oignons de grandes orchidées du Brésil, fleurs futures, dont les couleurs et les capiteux parfums sont l'enchantement et la surprise des Européens ; puis... *un trésor*, mon ami !... je te ferai admirer l'objet ! — Un splendide rutilant, et... (il vaut au moins six mille francs !...)

Il s'arrêta, puis se penchant à mon oreille.

— Devine ! Ah ! ah ! devine ! ajouta-t-il d'un ton bizarre.

A ce point confidentiel de la phrase, une petite main déliée, couleur de topaze très claire, se glissant entre lui et moi, se posa comme l'aile d'un oiseau de Paradis, sur l'épaulette d'or du lieutenant.

L'on se retourna.

— Catalina! dit joyeusement M. de Villebreuse: toutes les bonnes fortunes, ce soir!

C'était une jeune fille de couleur, hier une enfant, coiffée d'un foulard feu d'où passaient, à l'entour de son joli visage, mille boucles crêpelées au ton noir bleuâtre. Rieuse, elle haletait doucement de sa course vers nous, montrant ses dents radieuses. La bouche épaisse, violemment rouge, s'entr'ouvrait, respirant vite.

— Olè! s'écria-t-elle.

Et la mobilité de ses prunelles, d'un noir étincelant, avivait la chaude pâleur ambrée de ses joues. Ses narines de sauvagesse, aux senteurs qui passaient des lointaines Antilles, se dilataient. — Une mousseline, d'où tombaient ses bras nus, sur le battement léger du sein. Sur les soieries brunes d'une basquine bariolée de rayures d'un jaune d'or, était suspendu, à hauteur de la ceinture, un frêle éventaire en treillis, chargé de roses-mousse, de boutons, à peine en fleurs, de tubéreuses et d'oranger. — Au bracelet de son poignet gauche tintait une paire de sonores castagnettes en bois d'acajou. — Ses petits pieds de créole, en souliers brodés, avaient cette excitante allure habituelle aux filles paresseuses de la Havane. Vraiment de subtiles voluptés émanaient de cette aimable jeune fille. — A sa hanche, pour un moment flambaient, aux derniers rayons du crépuscule, les cuivreries d'un tambour de basque,

En silence, elle piqua deux boutons de roses-mousse à nos boutonnières, nous forçant ainsi de respirer ses cheveux tout pénétrés de senteurs de savanes.

— Nous dînons ensemble, tous trois ? dit le lieutenant.

— C'est que... Je n'ai pas encore d'hôtellerie pour cette nuit : je viens d'arriver, lui répondis-je.

— Tant mieux. Notre auberge est là-bas, sur la falaise, en vue de la mer. C'est cette haute maison isolée, à deux cents pas de nous. Vois-tu, nous aimons à tenir de l'œil nos bâtiments. Nous dînerons dans la salle basse avec des officiers de marine de mes amis et, sans doute, quelques autres échantillons de la flore féminine de Santander. L'hôte a du Jerez nouveau. Cela se boit comme de l'eau claire, ce Jerez-des-Chevaliers !... Il faut s'y habituer, par exemple. — Marchons !, ajouta-t-il en enlaçant par la taille la jolie mulâtresse qui se laissa faire en nous regardant.

La nuit recevait les derniers adieux d'un vieux soleil magnifique.

Les flots, au ras de l'horizon, semblaient des braises mouvantes. Le vent d'ouest, sur la plage, soufflait une âpre odeur marine. Nous nous hâtions sur la lumière rouge du sable. Catalina courait devant nous, essayant d'attraper, avec son tambour de basque, les papillons que les ombres tombantes chassaient des orangers vers l'Océan.

Et Vénus s'élevait, maintenant, dans le bleu pâle du ciel.

— Nous aurons une nuit sans lune, me dit M. de Villebreuse : c'est dommage ! Nous eussions promené par la ville : bah ! nous ferons mieux.

— Est-ce à toi, cette si charmante fille ? lui demandai-je.

— Non, c'est une bouquetière du quai. Cela peut vivre d'oranges, de cigarettes et de pain noir, mais cela *n'aime* que ceux qui lui plaisent. Elles sont nombreuses, sur les jetées espagnoles, mon ami, ces sortes de donneuses de roses. Cela change de Paris, n'est-ce pas ? Dans les autres contrées du monde, c'est toujours différent à chaque cinq cents lieues. — Mon caprice, à moi, se trouve dans le 44° de latitude sud. — Si le cœur te dit, fais-lui la cour. Tu es présenté comme elle s'est présentée. Libre à toi ? — Mais voici l'hôtellerie.

L'aubergiste, résille au front, apparut, nous faisant accueil jovial...

Mais, au moment de franchir le seuil, le lieutenant tressaillit et s'arrêta, pâlissant à vue d'œil tout à coup.

Sans aucune transition, le sympathique jeune homme était devenu d'une gravité de visage des plus saisissantes.

Il me prit la main et, après un moment de songerie, les yeux sur mes yeux :

— Pardon, mon cher ami, me dit-il, mais, dans la surprise que m'a causée ta soudaine rencontre, j'ai oublié que je ne dois pas et ne pourrais plus me divertir ce soir. C'est jour de deuil pour moi. C'est un anniversaire dont les heures me sont sacrées. En un mot, c'est jour pour jour que je perdis ma mère, il y a trois ans. J'ai, dans ma cabine, des reliques de la sainte et chère femme — et, naturellement, je vais m'enfermer avec son souvenir. Allons, ta main ! et à demain ! — Consolez-vous de mon absence du mieux possible, ajouta-t-

il en nous regardant; demain je viendrai t'éveiller.
— Une chambre pour monsieur! cria-t-il à l'hôtelier.

— J'ai regret, mais plus de chambres! répondit celui-ci.

— Allons, tiens! me dit M. de Villebreuse préoccupé, prends ma clef : on dormira bien ; le lit est bon.

Son regard était triste et distrait : il me serra encore la main, dit un bonsoir à la jeune fille et s'éloigna vivement vers la rade sans ajouter une parole.

Un peu stupéfait de la soudaineté de l'incident, je le suivis, un instant, de ce regard à la fois sceptique et pensif qui signifie : « Chacun ses morts. »
— Puis, j'entrai.

La Catalina m'avait précédé dans la salle basse : elle avait choisi, près d'une fenêtre donnant sur la mer, une petite table recouverte d'une serviette blanche, à la française, et sur laquelle l'hôtelier plaça deux bougies allumées.

Ma foi, malgré l'ombre de tristesse laissée en mon esprit par les paroles de mon ami, ce ne fut pas sans plaisir que j'obéis aux yeux engageants de cette jolie charmeuse. Je m'assis donc auprès d'elle.

L'occasion et l'heure étaient aussi douces qu'inattendues.

Nous dînâmes en face de ces grands flots qui enserrent avec un véritable amour, sous les étoiles, ce rivage fortuné. Je comprenais le babil rieur de Catalina, dont l'espagnol havanais se mêlait de mots inconnus.

D'autres officiers, des passagers, des voyageurs dînaient aussi autour de nous dans la salle avec de très belles filles du pays.

Tout à coup, au cinquième verre de Xérès, je m'aperçus que l'avis du lieutenant était bien fondé. Je voyais trouble et les fumées dorées de ce vin m'alourdissaient le front avec une intensité brusque. Catalina aussi avait les yeux très brillants ! Et deux cigarettes, qu'elle me tendit après les avoir allumées, décidèrent, entre nous, la griserie la plus imprévue. Elle posa le doigt sur mon verre, cette fois en riant aux éclats, me défendant de boire.

— Trop tard !... lui dis-je.

Et glissant deux pièces d'or dans sa petite main.

— Tiens ! ajoutai-je, tu es trop charmante ! mais... j'ai le front lourd. Je veux dormir.

— Moi aussi, répondit-elle.

Ayant fait signe à l'hôtelier, je demandai la chambre du lieutenant. Nous quittâmes la salle. Il prit un chandelier, dans le plateau de fer duquel il posa une forte pincée d'allumettes ; le bout de bougie, une fois allumé, nous montâmes, éclairés de la sorte. Catalina me suivait, s'appuyant à la rampe, en étouffant son gentil rire un peu effronté.

Au premier étage, nous traversâmes un long couloir à l'extrémité duquel l'hôte s'arrêta devant une porte. Il prit ma clef, ouvrit — et, comme on l'appelait en bas, me tendit vite le chandelier, en me disant :

— Bonne nuit, monsieur !

J'entrai.

A la trouble lueur de mon luminaire et les yeux de plus en plus voilés par le vin d'Espagne, j'aperçus, vaguement une chambre d'auberge ordinaire. Celle-ci était plus longue que large. — Au fond, entre les deux fenêtres, une massive armoire à glace, importée là d'occasion — et par hasard, sans doute, — nous réflétait, la mulâtresse et moi. Une cheminée sans pendule, à paravent. Une chaise de paille, auprès du lit, dont le chevet touchait l'ouverture de la porte.

Pendant que je donnais un tour de clef, l'enfant dont les pas, aussi surpris que les miens par cette insidieuse et absurde ivresse, chancelaient quelque peu, se jeta sur le lit, tout habillée. Elle avait laissé en bas sur la table, son tambour de basque et son éventaire. Je posai le chandelier sur la chaise. Je m'assis sur le lit, auprès de cette rieuse fille, qui, la tête sous l'un de ses bras, semblait déjà presque endormie. Un mouvement que je fis pour l'embrasser m'appuya la tête sur l'un des oreillers. Je fermai les yeux malgré moi. Je m'étendis, tout habillé aussi, auprès d'elle et très vite, sans m'en apercevoir, — il n'y eût pas à dire — je tombais dans un profond et bienfaisant sommeil.

« Vers le milieu de la nuit, réveillé par une secousse indéfinissable, je crus entendre, dans le noir (car la bougie s'était consumée pendant mon repos), un bruit faible, comme celui du vieux bois qui craque. Je n'y accordai que peu d'attention : cependant, j'ouvris les yeux tout grands dans l'obcurité.

Et l'arrivée, la plage, la soirée, le lieutenant Gérard, la Catalina, l'anniversaire, le Jerez, tout me revint à l'esprit, en de très nettes lignes de mémoire. Un sentiment de regret vers ma petite villa tranquille des bords de la Marne évoqua, dans ma songerie, ma chambre, mes livres, ma lampe d'étude et les joies du recueillement intellectuel que j'avais quittées. Une demi-minute se passa de la sorte.

J'entendais auprès de moi la paisible respiration de la créole encore endormie.

Soudain, le vent m'apporta le bruit de l'heure sonnant à quelque vieille église, là-bas, dans la ville : c'était minuit.

Chose vraiment surprenante, il me parut — (c'était une pensée tenant encore du sommeil, évidemment, — une absurde, une insolite idée... Ah ! ah ! j'étais bien réveillé, cependant !) — il me parut, dès les premiers coups qui tombèrent du clocher à travers l'espace, *que le balancier de ce cadran lointain se trouvait dans la chambre et, de ses chocs lents et réguliers, heurtait, alternativement, tantôt la maçonnerie du mur, tantôt la cloison d'une pièce voisine.*

En vain mes yeux essayaient de scruter l'épaisseur des ombres au milieu de la chambre où ce bruit du battant continuait de scander l'heure à droite et à gauche !

Je ne sais pourquoi, je devenais très inquiet de l'entendre.

Et puis, s'il faut tout dire, le son de ce vent de

mer qui, me semblait-il, passait à travers les interstices des fenêtres, je commençai à le trouver aussi bien étrange : il produisait le bruit d'une sorte de *sifflet de bois mouillé*.

Ainsi accompagné du battement de l'invisible balancier — et de ce mauvais bruit du vent de mer, — ce lent minuit me paraissait interminable.

Hein ?... Quoi ? — Que se passait-il donc dans l'auberge ? Aux étages d'en haut et dans les chambres avoisinantes, c'étaient des chuchotements, très bas, brefs et haletants, — un va-et-vient de gens qui se rhabillent à la hâte, — et de fortes chaussures de marine sur le plancher : c'étaient des pas précités de gens qui s'enfuient...

J'étendis la main vers la mulâtresse pour la réveiller. Mais l'enfant *était* réveillée depuis quelques minutes, car elle saisit ma main avec une force nerveuse qui me causa, magnétiquement, une impression de terreur insurmontable. Et puis, — ah ! voilà, voilà ce qui augmenta, tout de suite, en moi, cette transe froide et me glaça, positivement, de la tête aux pieds ! — et elle voulait (c'était certain), mais ne pouvait parler, parce que j'entendais ses dents claquer dans le noir silence. Sa main, tout son corps, étaient secoués par un tremblement convulsif. Elle *savait* donc ? Elle *reconnaissait* donc ce que tout cela signifiait ! — Pour le coup, je me dressai et, pendant que vibrait encore, dans l'éloignement, le dernier son du vieux minuit, je criai de toutes mes forces dans l'obscurité·

— Ah ! çà, qu'y a-t-il donc ici ?

A cette question, des voix rauques et dures, qu'une évidente panique assourdissait et entrecoupait, me répondirent de tous côtés dans l'hôtellerie :

— Eh ! vous le savez bien, à la fin, ce qu'il y a !

On me prenait pour le lieutenant ; es voix continuaient :

— Au diable !

— S'il ne faut pas être fou, sacré tonnerre ! pour dormir avec le Diable dans la chambre !

Et l'on s'enfuyait à travers les couloirs et l'escalier, en un tumulte.

Au ton de ces paroles, je sentis, d'une manière confuse, que je rêvassais béatement au milieu de quelque grand péril. Si l'on s'enfuyait avec cette hâte, c'était, à n'en pas douter, que le *terrible* de la chose inconnue — devait être imminent !

Le cœur oppressé par une anxiété mortelle, je repoussai la mulâtresse et je saisis, à tâtons, les allumettes dans le chandelier. — Ah ! ne seraient-elles pas bientôt consumées ? Je fouillai très vite ma poche, j'y trouvai un journal encore plié, que j'avais acheté à Bordeaux. Je le tordis, dans l'obscurité, en forme de torche, et je frottai fiévreusement contre le bois du chevet toutes les allumettes à la fois.

Le fumeux soufre mit du temps à brûler ! Enfin, le destin me permit d'allumer mon flambeau de hasard, — et je regardai dans la chambre.

Le bruit s'était arrêté.

Rien ; je ne voyais rien ! que moi-même, reflété dans la glace de cette vieille armoire et, derrière moi, l'enfant, debout maintenant sur le lit, le dos collé à la muraille, les mains aux doigts écartés posées à plat contre la maçonnerie blanche, les yeux dilatés, fixes, regardant *quelque chose*... que l'excès même de mon saisissement m'empêchait d'apercevoir.

Soudain, je renversai la tête suffoqué d'une horreur si glaçante que je crus m'évanouir. Qu'avais-je distingué là-bas, dans la glace, reflété aussi ? Mais je n'osais positivement pas ajouter créance au témoignage affolé de mes prunelles ! Ah ! démons ! Je regardai encore et, — oui, je me sentis défaillir à nouveau : mes yeux s'étant rivés, pour ainsi dire, sur l'objet évident qui m'apparaissait, à présent, dans la chambre !

Ah ! c'était donc là le trésor de mon ami, le pieux lieutenant Gérard, — le bon fils, qui priait sans doute en cet instant dans sa cabine ! De désespérés pleurs d'angoisse me voilèrent affreusement les yeux.

Autour des quatre pieds de la grande armoire et lié par un entrecroisement de fines garcettes de marine, était enroulé un constrictor de l'espèce géante, *un formidable python de dix à douze mètres* tel qu'il s'en trouve, parfois, sous les hideux nopals des Guyanes.

Réveillé de son tiède sommeil par la douleur des cordes, l'effroyable ophidien s'était, par un lent glissement, coulé de *trois mètres et demi environ* hors des nœuds qui le desserraient d'autant.

Ce long tronçon de la bête, c'était donc le balancier vivant qui heurtait, tout à l'heure, les murs, à droite et à gauche, pour s'étirer davantage de ses entraves, pendant ce minuit !

Maintenant, la bête, retenue encore, se tendait, de bas en haut, vers moi, du fond de la chambre ; la longueur gonflée, d'un brun verdâtre, tachée de plaques noires aux écaillures à reflets, de la partie libre de son corps, se tenait toute droite, immobile, en face de nous ; et, de l'énorme gueule aux quatres parallèles mâchoires horriblement distendues en angle obtus, s'élançait, en s'agitant, une longue langue bifide, pendant que les braises de ses yeux féroces me regardaient, fixement, l'éclairer !

D'enragés sifflements de fureur que, lors du paisible dorlotement de mon réveil, j'avais pris pour le bruit du vent de mer dans les jointures des fenêtres, jaillissaient, saccadés, du trou ardent de sa gorge, *à moins de deux pieds de mon visage...*

A cette soudaine vision, je ressentis une agonie : il me sembla que toute ma vie se reproduisait au fond de mon âme. Au moment où je me sentais faiblir en syncope, un cri de sanglotant désespoir poussé par la mulâtresse, — par elle, qui avait tout de suite *reconnu*, dans la nuit, le sifflement ! — me réveilla l'être.

La tête furibonde, en de petites secousses, s'approchait de nous...

Spontanément, je bondis par-dessus le chevet du lit, sans lâcher mon brandon dont les larges flammes, parmi la fumée, éblouissaient encore la chambre! Et j'ouvris la porte, d'une main que, vraiment, l'égarement faisait tâtonner : l'enfant se laissa, toute pantelante, aller entre mes bras, sans cesser de considérer le dragon qui, nous voyant fuir, redoublait d'efforts et de sifflements horribles! Je m'élançai, avec elle, dans le grand couloir, en tirant très vite et violemment la porte sur nous, — pendant qu'un terrifiant bruit d'armoire brisée et s'écroulant, — mêlé aux sinistres chocs des lourdes volutes de l'animal, se heurtant, monstre en furie, à travers la chambre où roulaient des meubles, — nous parvenait de l'intérieur.

Nous descendîmes avec la rapidité de l'éclair.

En bas, personne! salle déserte : porte ouverte sur la falaise.

Sans perdre le temps en oiseux commentaires, nous nous précipitâmes au dehors.

Sur la grève, la mulâtresse, m'oubliant, s'enfuit, en une course éperdue, vers la ville.

La voyant hors de danger, je pris mon vol vers la rade, dont les falots luisaient là-bas, m'imaginant que l'effrayant animal roulait ses anneaux le long de la plage, sur mes talons, et allait m'atteindre d'un moment à l'autre.

En quelques minutes, ayant ressaisi ma valise à bord du *Véloce*, je courus à l'embarcadère du steamer *La Vigilante*, dont sonnait la cloche de départ pour la France.

Trois jours après, de retour en ma chère et tranquille maison des bords de la Marne, les pieds dans mes pantoufles, assis dans mon fauteuil et enveloppé dans ma paisible robe de chambre, je rouvrais mes livres de métaphysique allemande, me trouvant l'esprit suffisamment reposé pour remettre, à une époque indéfinie, tous projets de nouvelles incursions récréatives à travers les « *contingences du Monde-phénoménal.* »

LES EXPÉRIENCES DU Dr CROOKES

―――

> Comme ces enfants qui voulaient sauter au delà *de leurs ombres...*
> PLUTARQUE.

A Monsieur Henry LA LUBERNE.

La prochaine apparition du livre de William Crookes, *La Force psychique*, produira, certes, une durable sensation de stupeur dans les deux mondes.

On sait que l'illustre docteur anglais est l'un des plus puissants et des plus méthodiques savants de ce siècle. Il a surpris une loi de la Nature, la Matière à l'état radiant, découverte qui, reculant les bornes de l'investigation positive, ouvre toute une région de lumière à l'Ecole expérimentale.

De plus, dans toutes les branches du savoir humain, une telle quantité de découvertes ou d'inventions sont à son acquit, depuis le thallium jusqu'au radiomètre, qu'il est l'unique sommité dont l'admission, d'emblée, à la Société Royale (sorte d'Académie des Sciences de l'Angleterre) ait été votée à l'unanimité, avec dispense du stage de rigueur. A l'estime de la plupart des hommes de science, l'œuvre et le génie de William Crookes égalent ceux d'Isaac Newton; la place de son monument funèbre est marquée d'avance à Westminster.

L'ouvrage annoncé doit résumer plusieurs années d'expériences de l'ordre le plus extraordinaire.

Quelques rares extraits en ont paru, ces derniers temps, dans le *Quarterly Journal of Science*, dans l'*Athæneum* et dans la *Quarterly Review*.

Dès les premières lignes de ces volumineux sommaires, on sent qu'il s'agit d'observations d'un caractère tout à fait insolite et que la science de l'Homme se hasarde ici, pour la première fois, sur un terrain tellement fantastique et inattendu, que le lecteur, stupéfait, se demande s'il rêve! Mais, comme les expériences que relatent ces lignes sont justifiées par différentes sanctions du Comité de

Recherches des Sciences dialectiques, dont il est difficile de récuser la compétence hors ligne, la sûreté d'examen et la rigueur positiviste, l'attention du lecteur est bien vite fascinée.

Pour la parfaite intelligence de ce dont il est question, le mieux est, pensons-nous, de citer l'étonnant exorde de William Crookes lui-même, au début de ce nouvel incident de l'Humanité.

.*.

— Voici que, depuis plusieurs années, une sorte de doctrine se propage chez nous, — en Europe et ailleurs — augmentant, chaque jour, le nombre de ses adeptes, et comptant, parmi ses prosélytes, des hommes de haute raison et d'un savoir éprouvé. Cette doctrine s'autorise de faits complètement en désaccord avec diverses lois avérées de la Nature; et ces faits sont attestés, cependant, par des témoignages à ce point considérables que l'on a cru pouvoir, officiellement, nous en saisir. — La Chambre des représentants, à Washington, a reçu des pétitions, à ce sujet, revêtues de plus de *vingt mille* signatures. A Hertford, des enfants, — de très jeunes filles même, ont failli payer de leur existence (les demoiselles Fox, par exemple, âgées de douze et de quatorze ans) des phénomènes que tout un district attribuait à leur présence. — En Angleterre, jusque dans Londres, la fréquence de ces prétendus « événements occultes » a fini par troubler, par effrayer les esprits d'une partie de la population : l'on se croirait au Moyen Age, en écoutant ces rumeurs.

J'estime qu'il est du devoir des hommes de science, qui ont appris à travailler d'une manière exacte, d'examiner *tous* les phénomènes qui attirent l'attention publique, afin, soit d'en confirmer la vérité, soit d'expliquer, si faire se peut, l'illusion des honnêtes gens en dévoilant la supercherie des charlatans, des imposteurs.

Or, un grand nombre de personnes, d'un sens commun cependant notoire, avons-nous dit, — nous parlent, par exemple, « d'influences MYSTÉRIEUSES sous l'énergie desquelles de lourds objets d'ameublement se meuvent, soudain, d'une pièce à une autre, sans l'intervention de l'homme. »

A ceci nous répondons :

— Le savant a construit des instruments qui divisent un pouce en un million de parties. Nous demandons que ces « influences » fassent mouvoir, seulement d'un *seul* degré, l'indicateur de ces instruments dans nos laboratoires.

On nous parle de « corps solides, pesant cinquante, cent livres, — de personnes vivantes même, s'élevant dans les airs sans le secours d'aucune force connue ».

A ceci nous répondons :

— Alors, que ce pouvoir, quel qu'il soit, qui, nous dit-on, serait guidé par une intelligence, et qui élève, jusqu'aux plafonds de vos appartements, des corps lourds, animés ou inanimés, fasse pencher seulement l'un des plateaux de cette petite balance qui, sous son globe de cristal, st sensible à un poids si minime qu'il en faudrait, dix mille comme lui pour faire un gramme.

On nous parle de « fleurs mouillées de fraîche rosée, de fruits, et même d'êtres vivants apportés au travers des murailles. »

A ceci nous répondons :

— Qu'on introduise donc un milligramme d'arsenic à travers les parois d'un tube de verre dans lequel de l'eau pure est hermétiquement scellée par nous !

On nous parle de « coups frappés qui se produisent jusqu'à ébranler les murs, dans les différentes parties d'une chambre où deux personnes sont tranquillement assises devant une table ; — de maisons secouées jusqu'à en être endommagées par un pouvoir extra-humain » ; — et l'on ajoute que « des plumes ou des crayons tracent *tout seuls* des lignes présentant un sens ; — que des ressemblances de défunts apparaissent. »

A ceci nous répondons :

— Que ces coups se produisent seulement sur la membrane tendue d'un phonautographe ! — Que ce pendule, en sa gaîne de verre, soit seulement mis en vibration ! — Que cette plume, que je tiens, rature seulement, sur ce bureau, l'un seul des mots que je viens d'écrire !... Quant aux « apparitions » nous avons des instruments qui mesurent l'éclair : qu'une seule d'entre elles passe, pendant la durée d'un 120ᵉ de seconde seulement devant la lentille de l'un de ces instruments !

Enfin, l'on nous parle de « manifestations d'une puissance équivalente à des milliers de kilogrammes, et qui se produisent sans cause connue. »

— Eh bien, l'homme de science, qui croit fermement à la conservation de la force, demande que ces manifestations se répètent dans son laboratoire, où il pourra les peser, les mesurer, et les soumettre à des essais catégoriques. Et, pour conclure, quelle que soit l'estime où l'on puisse tenir les témoins de faits provoqués, nous dit-on, par la *seule* présence d'individus « exceptionnels » appelés *médiums*, quelque intègres, charmants, chevaleresques, que soient ou puissent être ces *médiums*, eux-mêmes, nous ne pensons pas que cela doive, rigoureusement, amener qui que ce soit à une somme de confiance suffisante pour accepter ainsi, sans analyse ni contrôle méthodiques, la réalité de phénomènes qui commencent par démentir les notions les plus élémentaires de la Science moderne, entre autres celle de l'universelle et invariable loi de la gravitation. »

Voilà, certes, le langage d'un homme sérieux — et, ce défi jeté, la cause semblait jugée.

*
* *

A quelques mois de ce verdict, le Comité de Recherches des Sciences, à Londres, fut mis en émoi par une note brève, émanant de William Crookes, qui, sans commentaires, le convoquait au contrôle « d'expériences *médianimiques* dignes d'attention ».

Il se trouvait que, presque en ce même temps (le sanglant hiver de 1870), des praticiens, délégués, en quelque sorte, par toutes les nationalités de l'Europe, entre-croisaient, dans les revues des sciences, les affirmations les plus étranges, — déclarant que leurs essais particuliers sur la réalité du fluide *médianimique* amenaient chaque jour des résultats « inattendus ». Dans la longue liste des savants, figurent, on doit le constater, des noms d'une certaine importance. La Faculté de Pétersbourg, par exemple, est représentée par l'un de ses plus éminents professeurs de chimie, M. Boutlerow ; — l'Académie des sciences expérimentales de Genève, par le professeur Thury ; — les Etats-Unis, par le docteur Robert Hare, professeur de chimie à l'Université de Pensylvanie, etc., etc. L'espace nous manque pour citer les soixante-cinq noms, aussi recommandables, mentionnés dans ces rapports.

Etonnés de pareilles notifications qui leur parvenaient, coup sur coup, de tous les points du monde scientifique, plusieurs physiciens allemands, des spécialistes de tous pays, se rendirent à Londres, où des hommes tels que lord Lindsay et le lord comte de Dunraven, des mathématiciens tels que le capitaine C. Wynne, et une commission de membres de la Société Royale étaient venus s'adjoindre à William Crookes pour des observations quotidiennes. — Deux ou trois « sujets humains » doués, — paraissait-il, — de manière à intéresser la Science, continuèrent de se prêter, dans les laboratoires anglais, et dans celui-même de l'illustre docteur, à des expérimentations.

Il résulterait des attestations signées de l'érudite assistance que, non seulement les phénomènes réclamés au préalable se seraient tous produits — (ceci en plein jour et dans des conditions d'évidence toute spéciale) — mais que d'autres faits, plus singuliers encore, — des incidents capables de déconcerter le positivisme le plus rassis, — se seraient imposés, tout à coup, au grave étonnement de l'assemblée ; — qu'enfin « d'incohérentes manifestations, revêtues d'une sorte de caractère macabre », auraient troublé la régularité compassée de ces examens.

Les sujets ou *médiums* étaient, cependant, liés à terre, tenus aux quatre membres à une grande distance des objets impressionnés. Entre eux, toutefois, et ces objets, ne s'interposaient pas les membres de la commission du contrôle. A l'état libre, ils étaient prévenus que toute communication *physique*, due à n'importe quelle fraude subtile, serait instantanément châtiée d'une très violente secousse électrique, des réseaux d'induction enveloppant les appareils placés sur des isolateurs. Pour le surplus, deux premiers prestidigitateurs-illusionnistes de Londres surveillaient de près chaque expérience.

C'est dans de telles conditions qu'on a vu les aiguilles des dynamomètres de précision, à secrets contrariés (connus des seuls expérimentateurs, varier sous des pressions équivalentes à des centaines de livres, pendant que sur les murs, sur les instruments du laboratoire et *jusque sur les mains* des doctes assistants, des heurts, « semblables à ceux d'un doigt replié frappant impatiemment à une porte », étaient entendus ou ressentis.

A l'issue de presque toutes les séances, les médiums demeuraient étendus sur le parquet, dans un état de prostration cataleptique présentant, médicalement, toutes les apparences de la mort.

Parmi ces médiums-naturels étaient des enfants de sept à huit ans, s'élevant à des hauteurs de plusieurs mètres — et flottant, presque endormis, dans l'espace, pendant plusieurs minutes. « Ce phénomène, affirme le docteur Crookes, M. Home l'a exécuté, aussi, plus de *cent fois* devant nous, rénovant ainsi le prétendu sortilège de Simon le magicien dans l'amphithéâtre de Rome. »

D'après un grand nombre de professeurs émérites, — entre autres ceux dont nous avons cité les noms, — au témoignage de plusieurs délégués éminents d'universités ou d'académies, et des différents membres de la Société Royale ainsi que du Comité de Recherches des Sciences, appuyés de l'attestation de William Crookes, les principaux phénomènes, reconnus comme désormais avérés, seraient — (non compris leurs subdivisions) :

1° L'altération du poids d'un corps quelconque, obtenue à distance ; 2° d'inexplicables visions de météores, traversant les laboratoires, avec des allées et venues, — sortes de lumières ovoïdes, radieuses, inconnues, *inimitables*, — bondissant et rebondissant d'objets en objets ; 3° des déplacements continuels d'instruments scientifiques, de meubles lourds ou légers, se mouvant comme sous l'action d'une force occulte ; 4° de véritables « apparitions » de formes étranges, de « *regards* », de mains lumineuses, d'une ténuité inconcevable et cependant tangible — au point de supporter, dans l'air, un thermomètre en liège du poids de trois grammes, lequel demeurait, sous leur pression, d'un niveau absolument insensible ; ces mains offraient l'aspect tantôt vivant, tantôt cadavérique ; et, si rapide que fût l'éclair dont on essayât d'en répercuter la vision sur l'objectif, aucune plaque photographique n'a été impressionnée, en *aucune* façon, de leur présence ; et ces mains, pourtant ! saisissaient des fleurs sur une table et allaient, à travers l'espace, les offrir à des spectateurs ; puis, tout à coup, venaient nous « *serrer les mains avec toute la cordialité d'un vieil ami* » ; 5° des mises en jeu d'instruments de musique placés, positivement, dans des conditions où toute communication était impossible et *dangereuse* pour le médium ; 6° des doigts fluides, lumineux, relevant une plume sur une table et traçant des lignes d'écritures différentes où plusieurs ont affirmé reconnaître celles de personnes défuntes (quelques-uns, même, en ont fourni la preuve). — Tout ceci, de jour et de nuit. Principalement au crépuscule.

« — J'ai vu, devant témoins (affirme expressément le Dr William Crookes), l'une de ces nébuleuses mains claires prendre une fleur à longue tige, nouvellement cueillie, et la faire passer lentement à travers la fente imperceptible d'une planche de chêne massive, sans qu'il fût possible d'apercevoir ensuite, sur cette fleur, soit à l'œil nu, soit au microscope, *une trace quelconque d'érosion sur la tige ou sur les feuilles,* lesquelles étaient dix ou douze fois plus larges que la fente de cette planche. — Plusieurs membres de la Société Royale et moi, nous avons vu, ensemble, *l'ombre d'une forme humaine* secouer des rideaux pendant plus de deux minutes, puis disparaître en s'atténuant. — Cent fois nous avons vu des flambeaux et des lampes, placés sur des meubles, s'élever avec eux, se pencher, sans tomber, tenant leurs flammes droites et horizontales selon le degré d'inclinaison de ces objets dans l'air. — Quant aux célèbres « tables tournantes », nous avons voulu, par surcroît, vérifier le fait dans des conditions de difficultés spéciales et que la rare puissance de nos médiums triés sur des centaines d'autres, insignifiants ou douteux, pouvait, seule, surmonter. — Le Comité de Recherches des sciences dialectiques de Londres et les professeurs étrangers s'étant donc assemblés pour un essai concluant à ce sujet, quatre de ces médiums sont venus se placer, à genoux, sur des chaises dont les dossiers seuls touchaient la table — (une lourde et vaste table). — Ils croisèrent leurs mains sur les dossiers et rien de leurs personnes n'était en contact direct avec la table. De plus, certaines mesures minutieuses, de nous seuls connues, avaient été prises pour avérer l'authenticité absolue du phénomène. En quelques instants, nous vîmes l'énorme table s'enlever de terre, se pencher, frapper le parquet, monter, stupéfiante, au-dessus de nous, flotter, se livrer dans l'espace à des évolutions diverses, puis redescendre lentement à sa place. Le Comité et l'assistance ont donc attesté comme « concluante » cette expérience... qui, d'ailleurs, ne pouvait plus vous étonner. »

Il va sans dire que nous pourrions relever un grand nombre d'autres faits énigmatiques, attestés des plus sérieusement. Mais nous ne saurions prendre la responsabilité de telles citations ; nous ne voulons et ne devons mentionner, en un mot, que les observations dûment contrôlées et reconnues par la science comme *incontestables*. Lorsque nous ne traduisons pas, nous résumons, aussi exactement que possible, sans opinions ni commentaires.

Voici, maintenant, les conclusions du Dr William Crookes lui-même à ce sujet :

« — La foule, toujours avide du « surnaturel », nous demande : « Croyez-vous ou ne croyez-vous pas ? » Nous répondons : « Nous sommes chimistes ; nous sommes physiciens ; notre fonction n'est pas de « croire ou de ne pas croire » mais de constater, d'une façon positive, si tel ou tel phénomène est ou n'est pas imaginaire. Cela fait, le reste ne nous regarde plus. Or, quant à la réalité de ceux-ci, nous prononçons pour l'affirmative, au moins provisoirement, puisqu'à la parfaite consternation de nos sens et de notre entendement, l'évidence nous y contraint.

» Rien n'est trop merveilleux pour être vrai, a dit Faraday, si cela est conforme aux lois de la Nature. Mais il faudrait connaître *toutes* les lois de la Nature, (et rien qu'avec celles que nous ignorons on pourrait créer l'Univers), pour déterminer si tel phénomène leur est ou non conforme. Or il se trouve qu'ici, comme en électricité, par exemple, l'expérience, l'observation sont les seules pierres de touche de cette conformité.

» Qu'on veuille donc bien se souvenir que nous ne risquons ni vagues hypothèses, ni théories, *quelles qu'elles soient*. Nous attestons, simplement, certains faits et ne pouvons avoir qu'un seul but, conforme à celui de toute notre longue carrière : la Vérité. Les Comités d'examen, les hommes éminents, les praticiens de toute nation qui se sont adjoints au sévère contrôle de nos expériences ont conclu avec moi : « Nous ne disons pas, encore une fois, que cela est *vraisemblable;* nous disons que cela EST. »

Au lieu de nier, de douter ou de croire au hasard, ce qui est tout un, — et de s'imaginer que nous sommes capables d'avoir perdu notre temps à contrôler des tours d'escamoteurs (comme si cette niaiserie était possible), donnez-vous plutôt la peine d'examiner, d'abord, comme notre incrédulité primitive s'est, au moins, soumise à le faire. — Montrez-nous, par une critique sévère, ce qu'il faut regarder comme des erreurs dans nos examens; spécifiez-les et suggérez ensuite, si vous le pouvez, des moyens de contrôle plus concluants. Imaginez des ensembles de difficultés plus insurmontables et plus subtiles que celles où nous avons placé les médiums, — à leur insu ! Mais ne venez pas, à la hâte, traiter nos sens de témoins menteurs ou aisément abusés, ni taxer nos esprits d'une démence (qu'entre parenthèses nous aurions, seuls, qualité pour constater dans les vôtres), parce que les faits témoignent contre vos *idées préconçues, comme, autrefois, le furent les nôtres*. Il est difficile d'être plus *sceptiques ou plus positifs que nous* en matière d'examen expérimental : si vous vous faites une supériorité de votre ignorance ou de votre savoir d'amateurs, à quoi l'homme devra-t-il s'en tenir? Nous soutenons que tout masque de suffisance ou de bonhomie disparaît de la face humaine devant certains phénomènes effectués par des médiums *réels* en nos laboratoires et que les plus railleurs deviennent, alors, pareils à ces malins villageois qui, dans les fêtes foraines, après s'être bien moqués, en clignant de l'œil, d'un appareil de Rhümkorff, par exemple, changent instantanément de visage dès qu'ils en ont seulement effleuré les fils. — Pour le surplus, rejeter, à l'étourdie, les témoignages d'hommes à qui l'on a déféré des faits pour les contrôler et en connaître, revient à ne tenir compte d'aucun témoignage humain *quel qu'il soit*, car il n'est point de faits dans l'Histoire sacrée ou profane, ni dans les annales de la Science, qui s'appuient sur des preuves plus permanentes et plus imposantes que celles qui nous ont — je ne dirai pas convaincus, mais — confondus. Osez donc, alors, venir justifier de la supériorité de vos sens et de votre scepticisme sur les nôtres — et que ces oiseuses controverses finissent!

Donc :

1° Les résultats de nos longues et patientes investigations paraissent établir, sans conteste, l'existence d'une nouvelle force liée à l'organisme humain et que l'on peut appeler *Force psychique*.

2° Tout homme serait plus ou moins doué de cette force secrète, d'une intensité variable, pouvant être développée, et, par suite, agir, soit à volonté, soit pendant son sommeil, soit contre son gré, soit à son insu, *sans le secours d'aucuns mouvements, ni de communications physiques*, sur des êtres ou des objets quelconques, plus ou moins éloignés. »

*
* *

Telles sont les affirmations et conclusions extraordinaires jusqu'à présent notifiées par l'illustre savant anglais et contresignées de noms considérables. Il y a lieu d'espérer que son livre va nous révéler les curiosités nouvelles de ses recherches positives. Cette force projective de soi-même expliquerait presque, déjà, les milliers de cas problématiques racontés par l'Histoire — et certains phénomènes opérés, paraît-il, de nos jours, au dire des Européens, par les fakirs hindous. Les faits de sorcellerie, de vampirisme, d'envoûtements, de spiritisme, de lycanthropie, d'évocations, etc., relèveraient désormais de l'autorité scientifique et seraient démontrés par des expériences plus ou moins régulières.

Pour ce qui est d'entrer, par la médiation de ce fluide, en un rapport quelconque avec ces entités vives, incorporelles pour nos organes grossiers et qui, sans doute, continuent la chaîne des espèces, au delà de l'humanité, dans des milieux invisibles autour d'elle, on ne peut encore se prononcer sur ce point. — Un grand nombre de personnes prétendent entretenir, grâce à cette force, des correspondances avec des êtres disparus, et pénétrer, par elle, jusque dans les domaines de la Mort... C'est une question qui, excédant le point de vue scientifique, est déjà jugée, *nè varietur*, à un autre point de vue, par des hommes qui s'appellent saint Augustin, saint Grégoire de Nazianze, saint Louis et saint Thomas d'Aquin.

— Au fait, et le chrétien ?... nous dit-on ; que va-t-il penser de ces fantasmagories inquiétantes, — de cette... divinité pour tous ?

Le chrétien, quoi que puissent lui « écrire » d'apocryphes ou réels fantômes, est prémuni à tout jamais. L'Art d'évoquer les morts en vingt-cinq leçons n'a aucune prise sur lui. Peu lui importent ces sombres commérages. Les révélations du Transformisme ne lui semblent que des tentations misérables. — Diverses paroles précises, formelles, de l'Evangile, lui suffisent, qui déclarent cette vie aussi *sérieuse* que *définitive*. « *Voici la Nuit où personne ne travaille plus;—Où sera tombé l'arbre, il restera;—Les enfants du siècle feront des prodiges capables de surprendre les Anges : ne vous laissez pas séduire;—Celui qui veut sauver sa vie la perdra : celui qui veut la sacrifier, pour l'amour de moi, la retrouvera, car je suis la porte, la voie, la lumière, la vérité, la vie : nul n'entre que par moi dans la Vie-éternelle.* » Tels sont les dogmes immuables, divins, au sens infini.

Les étoiles passeront, ces paroles jamais.

Quelque illusionnantes que puissent donc être les ressemblances revêtues par les démons mixtes dont parle saint Paul, il ne s'agit pas de cela pour le chrétien. Il ne saurait se laisser troubler en rien par des phénomènes dont l'esprit lui est et lui sera toujours étranger. Il répond d'avance, comme hier, comme demain, avec le plus paisible sourire :

— Nous sommes à l'auberge et ne regardons qu'avec peu d'attention les curiosités qui viennent s'exhiber dans la salle commune.

Règle générale : tout ce dont l'impression n'augmente pas, en nos âmes, l'amour de Dieu, le détachement de l'univers, l'union substantielle avec Jésus-Christ, — tout cela vient du Mal, émane de l'Enfer, *nécessairement*, *absolument*, sans autre examen ni compromis oiseux. Car ce qui trouble, ce qui étonne est ennemi de la Paix divine, seul héritage du Fils de l'Homme. Il nous a prévenus : *Vous les connaîtrez par leurs fruits;* et nous n'avons que faire de tels fruits.

Nous nous en tenons, comme toujours, à la Parole, à l'Esprit seul de l'Évangile : il est, strictement, sans discussions ni réserves, notre unique doctrine. Et quand bien même, par impossible, comme nous en prévient le concile, un Ange de Dieu descendrait du Ciel pour venir nous en enseigner une autre, nous resterions fermes et inébranlables dans notre foi.

LE DROIT DU PASSÉ

Le 2t janvier 1871, réduit par l'hiver, par la faim, par le refoulement des sorties aveugles, Paris, à l'aspect des positions inexpugnables d'où l'ennemi, presque impunément, le foudroyait, éleva enfin, d'un bras fiévreux et sanglant, le pavillon désespéré qui fait signe aux canons de se taire.

Sur une hauteur lointaine, le chancelier de la Confédération germanique observait la capitale ; en apercevant tout à coup ce drapeau, dans la brume glaciale et la fumée, il repoussa, brutalement, l'un dans l'autre, les tubes de sa lunette d'approche, en disant au prince de Mecklembourg-Schwerin qui se trouvait à côté de lui :

« — La bête est morte. »

L'envoyé du Gouvernement de la Défense nationale, Jules Favre, avait franchi les avant-postes prussiens ; escorté, au milieu des clameurs, à travers les lignes d'investissement, il était arrivé au quartier-général de l'armée allemande. — On n'a pas oublié cette entrevue du Château de Ferrières où, dans une salle obstruée de gravats et de débris, il avait tenté jadis les premières négociations.

Aujourd'hui, c'était dans une salle plus sombre et toute royale, où sifflait le vent de neige, malgré les feux allumés, que les deux mandataires ennemis se réapparaissaient.

A certain moment de l'entretien, Favre, pensif, assis devant la table, s'était surpris à considérer, en silence, le comte de Bismarck-Schoenhausen, qui s'était levé.

La stature colossale du chevalier de l'Empire d'Allemagne, en tenue de major général, projetait son ombre sur le parquet de la salle dévastée. A de brusques lueurs du foyer étincelaient la pointe de son casque d'acier poli, obombré de l'éparse crinière blanche, — et, à son doigt, le lourd cachet d'or, aux armoiries sept fois séculaires, des vidames de l'Évêché de Halberstadt, plus tard barons : le Trèfle des Bisthums-marke, sur leur vieille devise : *In trinitate robur.*

Sur une chaise était jeté son manteau de guerre aux larges parements lie de vin, dont les reflets empourpraient sa balafre d'une teinte sanglante. — Derrière ses talons, enscellés de longs éperons d'acier, aux chaînettes bien fourbies, bruissait, par instants, son sabre, largement traîné. Sa tête, au poil roussâtre, de dogue altier, gardant la Maison allemande — dont il venait de réclamer la clef, Strasbourg, hélas ! — se dressait. De toute la personne de cet homme, pareil à l'hiver, sortait son adage : « *jamais assez* ». Le doigt appuyé sur la table, il regardait au loin, par une croisée, comme si, oublieux de la présence de l'ambassadeur, il ne voyait plus que sa volonté planer dans la lividité de l'espace, pareille à l'aigle noire de ses drapeaux.

Il avait parlé. — Et des redditions d'armées et de citadelles, des lueurs de rançons effroyables, des abandons de provinces s'étaient laissé entrevoir dans ses paroles... Ce fut alors qu'au nom de l'Humanité le ministre républicain voulut faire appel à la générosité du vainqueur, — lequel ne devait en ce moment se souvenir, certes ! que de Louis XIV passant le Rhin et s'avançant sur le sol allemand, de victoire en victoire — puis de Napoléon prêt à rayer la Prusse de la carte européenne — puis de Lutzen, de Hanau, de Berlin saccagé, d'Iéna !

Et de lointains roulements d'artillerie, pareils aux échos de la foudre, couvrirent la voix du parlementaire, qui, par un sursaut de l'esprit, alors se rappela... que c'était l'anniversaire d'un jour où, du haut de l'échafaud, le roi de France avait aussi voulu faire appel à la magnanimité de son peuple, lorsque des roulements de tambours couvrirent sa voix !... — Malgré lui, Favre tressaillit de cette coïncidence fatale à laquelle, dans le trouble de la défaite, personne n'avait pensé jusqu'à cet instant. — C'était, en effet, du 21 janvier 1871 que devait dater, dans l'histoire, l'ouverture de la capitulation de la France laissant tomber son épée.

Et comme si le Destin eût voulu souligner, avec une sorte d'ironie, le chiffre de cette date régicide, lorsque l'ambassadeur de Paris eut demandé à son interlocuteur combien de jours de suspension d'armes il serait accordé, le chancelier jeta cette *officielle* réponse :

— Vingt et un ; pas un de plus...

Alors, le cœur oppressé par la vieille tendresse

que l'on a pour sa terre natale, le rude parleur aux joues creuses, au nom d'ouvrier, au masque sévère, baissa le front en frémissant. Deux larmes, pures comme celles que versent les enfants devant leur mère agonisante, bondirent hors de ses yeux dans ses cils et roulèrent, silencieusement, jusqu'aux coins crispés de ses lèvres! Car, s'il est une illusion que même les plus sceptiques, en France, sentent palpiter avec leur cœur, tout à coup, devant les hauteurs de l'étranger, c'est la patrie.

*
* *

Le soir tombait, allumant la première étoile.

Là-bas, de rouges éclairs suivis du grondement des pièces de siège et du crépitement éloigné des feux de bataillons sillonnaient à chaque instant le crépuscule.

Demeuré seul dans cette mémorable salle, après l'échange du salut glacé, le ministre de nos affaires étrangères songea pendant quelques instants... Et il arriva qu'au fond de sa mémoire surgit bientôt un souvenir que les concordances, déjà confusément remarquées par lui, rendirent extraordinaire en son esprit.

⁂

C'était le souvenir d'une histoire trouble, d'une sorte de légende moderne qu'accréditaient des témoignages, des circonstances — et à laquelle lui-même se trouvait étrangement mêlé.

Autrefois, il y avait de longues années ! un malheureux, d'une origine inconnue, expulsé d'une petite ville de la Prusse saxonne, était apparu, un certain jour, en 1833, dans Paris.

Là, s'exprimant à peine en notre langue, exténué, délabré, sans asile ni ressources, il avait osé se déclarer n'être autre que Celui... dont la tête auguste était tombée le 21 janvier 1793, place de la Concorde, sous la hache du peuple français.

A la faveur, disait-il, d'un acte de décès quelconque, d'une obscure substitution, d'une rançon inconnue, le dauphin de France, grâce au dévouement de deux gentilshommes, s'était positivement échappé des murs du Temple, et l'évadé royal... c'était lui. — Après mille traverses et mille misères, il était revenu justifier de son identité. N'ayant trouvé, dans *sa* capitale, qu'un grabat de charité, cet homme que nul n'accusa de démence, mais de mensonge, parlait du trône de France en héritier légitime. Accablé sous la presque universelle persuasion d'une imposture, ce personnage inécouté, repoussé de tous les territoires, s'en était allé tristement mourir, l'an 1845, dans la ville de Delft en Hollande.

On eût dit, en voyant cette face morte, que le Destin s'était écrié : — Toi, je te frapperai de mes poings au visage, jusqu'à ce que ta mère ne te reconnaisse plus.

Et voici que, chose plus surprenante encore les États-Généraux de la Hollande, de l'assentiment des chancelleries et du roi Guillaume II, avaient accordé, tout à coup, à cet énigmatique passant, les funérailles d'honneur d'un prince, et avaient prouvé officiellement, que sur sa pierre tombale fût inscrite cette épitaphe :

« Ci-gît Charles-Louis de Bourbon, duc de Normandie, fils du roi Louis XVI et de Marie-Antoinette d'Autriche, XVIIe du nom, roi de France. »

Que signifiait ceci?... Ce sépulcre — démenti donné au monde entier, à l'Histoire, aux convictions les plus assurées — se dressait là-bas, en Hollande, comme une chose de rêve à laquelle on ne voulait pas trop penser.

Cette immotivée décision de l'étranger ne pouvait qu'aggraver de légitimes défiances : on en maudissait l'accusation terrible.

Quoi qu'il en fût, un jour de l'autrefois, cet homme de mystère, de détresse et d'exil était venu rendre visite à l'avocat déjà célèbre qui devait-être, aujourd'hui ! le délégué de la France vaincue. En fantastique revenant, il avait sollicité l'orateur républicain, lui confiant la défense de son histoire. Et, par un nouveau phénomène, l'indifférence initiale, sinon l'hostilité même, du futur tribun, s'étaient dissipées au premier examen des documents présentés à son appréciation. Bientôt remué, saisi, convaincu (à tort ou à raison, qu'importe !), Jules Favre avait pris à cœur cette cause — qu'il devait étudier pendant trente années et plaider un jour, avec toute l'énergie et les accents d'une foi vive. Et, d'année en année, ses relations avec l'inquiétant proscrit étaient devenues plus amies, si bien qu'un jour, en Angleterre, où le défenseur était venu visiter son extraordinaire client, celui-ci, se sentant près de la mort lui avait fait présent (en signe d'alliance et de reconnaissance profondes) d'un vieil anneau fleurdelisé dont il tut la provenance originelle.

C'était une chevalière d'or. Dans une large opale centrale, aux lueurs de rubis avait été gravé, d'abord, le blason de Bourbon : *les trois fleurs de lys d'or sur champ d'azur.* Mais, par une sorte de déférence triste, — pour qu'enfin le républicain pût porter, sans trouble, ce gage seulement affectueux, — le donateur en avait fait effacer, autant que possible, les armoiries royales.

Maintenant, l'image d'une Bellone tendant, sur l'arc fatidique, la flèche, aussi, de son droit divin, voilait de son symbole menaçant, l'écusson primordial.

Or, d'après les biographes, c'était une sorte d'inspiré, d'illuminé, quelquefois, ce prétendant téméraire ! — A l'en croire, Dieu l'avait favorisé de visions révélatrices et sa nature était douée d'une puissante acuité de pressentiments. Souvent, la mysticité solennelle de ses discours communiquait à sa voix des accents de prophète. — Ce fut donc avec une intonation des plus étranges, et les yeux sur les yeux de son ami, qu'il ajouta, dans cette soirée d'adieu et en lui conférant l'anneau, ces singulières paroles :

— Monsieur Favre, en cette opale, vous le voyez, est sculptée, comme une statue sur une pierre funéraire, cette figure de la Bellone des vieux âges. Elle traduit ce qu'elle recouvre. — *Au nom du roi Louis XVI et de toute une race de rois dont vous avez défendu l'héritage désespéré, portez cet anneau ! Et que leurs mânes outragés pénètrent, de leur esprit, cette pierre ! Que son talisman vous conduise et qu'il soit un jour, pour vous, en quelque heure sacrée, le* TÉMOIN *de leur présence !*

Favre a déclaré souvent avoir attribué, *alors*, à quelque exaltation produite par une trop lourde continuité d'épreuves, cette phrase qui lui parut longtemps inintelligible — mais à l'injonction de laquelle il obéit, toutefois, par respect, en passant à l'annulaire de sa main droite, l'Anneau prescrit.

Depuis ce soir-là, Jules Favre avait gardé la bague de ce « Louis XVII » à ce doigt de sa main droite. Une sorte d'occulte influence l'avait toujours préservé de la perdre ou de la quitter. Elle était pour lui comme ces emprises de fer que les chevaliers d'autrefois gardaient, rivées à leurs bras, jusqu'à la mort, en témoignage du serment qui les vouait à la défense d'une cause. Pour quel but obscur le Sort lui avait-il comme imposé l'habitude de cette relique à la fois suspecte et royale ?...

— Avait-il donc fallu, enfin ! qu'*à tout prix* ceci dût devenir possible — que ce républicain prédestiné *portât ce Signe à la main, dans la vie, sans savoir où ce Signe le conduisait ?*

Il ne s'en inquiétait pas : mais, lorsqu'on essayait de railler, en sa présence, le nom germain de son dauphin d'outre-tombe :

— Naundorff, Frohsdorff !... murmurait-il pensivement.

Et voici que, par un enchaînement irrésistible, l'imprévu des événements avait élevé peu à peu l'avocat-citoyen jusqu'à le constituer, tout à coup, le représentant même de la France ! Il avait fallu, pour amener ceci, que l'Allemagne fît prisonniers plus de cent cinquante mille hommes, avec leurs canons, leurs armes et leurs drapeaux flottants, avec leurs maréchaux et leur Empereur — et maintenant, avec leur capitale ! — Et ce n'était pas un rêve.

C'est pourquoi le souvenir de l'*autre* rêve, moins incroyable, après tout, que celui-là, vint hanter M. Jules Favre, pendant un instant, ce soir-là, dans la salle déserte où venaient d'être débattues les conditions de salut — ou plutôt de vie sauve — de ses concitoyens.

A présent, atterré, morne, il jetait malgré lui,

sur l'Anneau transmis à son doigt, des coups d'œil de visionnaire. Et sous les transparences de l'opale frappée de lueurs célestes, il lui semblait voir étinceler, autour de l'héraldique Bellone vengeresse, les vestiges de l'antique écusson qui rayonna jadis, au fond des siècles, sur le bouclier de saint Louis.

⁂

Huit jours après, les stipulations de l'armistice ayant été acceptées par ses collègues de la Défense nationale, M. Favre, muni de leur pouvoir collectif, s'était rendu à Versailles pour la signature officielle de cette trêve, qui amenait l'épouvantable capitulation.

Les débats étaient clos. M. de Bismarck et M. Jules Favre, s'étant relu le Traité, y ajoutèrent, pour conclure, l'article 15, dont la teneur suit :

— « Art. 15. En foi de quoi les soussignés ont » revêtu de leurs signatures et scellé de leurs sceaux » les présentes conventions.

» Fait à Versailles, le 28 janvier 1871.

» *Signé :* Jules FAVRE — BISMARCK. »

M. de Bismarck, ayant apposé son cachet, pria M. Favre d'accomplir la même formalité pour régulariser cette minute, aujourd'hui déposée à Berlin aux Archives de l'empire d'Allemagne.

M. Jules Favre ayant déclaré avoir omis, au milieu des soucis de cette journée, de se munir du sceau de la République française, voulait l'envoyer prendre à Paris.

— Ce serait un retard inutile, répondit M. de Bismarck : votre cachet suffira.

Et, comme s'il eût connu ce qu'il faisait, le Chancelier de Fer indiquait, lentement, au doigt de notre envoyé, l'Anneau légué par l'Inconnu.

A ces paroles inattendues, à cette subite et glaçante mise en demeure du Destin, Jules Favre, presque hagard, et se rappelant le vœu prophétique dont cette bague souveraine était pénétrée, regarda fixement, comme dans le saisissement d'un vertige, son impénétrable interlocuteur.

Le silence, en cet instant, se fit si profond qu'on entendit, dans les salles voisines, les heurts secs de l'électricité qui, déjà, télégraphiait la grande nouvelle aux extrémités de l'Allemagne et de la terre ; — l'on entendait aussi les sifflements des locomotives qui déjà transportaient des troupes aux frontières. — Favre reporta les yeux sur l'Anneau !...

Et il lui sembla que des présences évoquées se dressaient confusément autour de lui dans la vieille salle royale, et qu'elles attendaient, dans l'invisible, l'instant de Dieu.

Alors, comme s'il se fut senti le mandataire de quelque expiatoire décret d'en haut, il n'osa pas, du fond de sa conscience, se refuser à la demande ennemie !

Il ne résista plus à l'Anneau qui lui attirait la main vers le Traité sombre.

Grave, il s'inclina :

— C'est juste, dit-il.

Et, au bas de cette page qui devait coûter à la patrie tant de nouveaux flots de sang français, deux vastes provinces, sœurs parmi les plus belles ! l'incendie de la sublime capitale et une rançon plus lourde que le numéraire métallique du monde — sur la cire pourpre où la flamme palpitait encore éclairant, malgré lui, les fleurs de lys d'or à sa main républicaine — Jules Favre, en pâlissant, imprima le sceau mystérieux où, sous la figure d'une Exterminatrice oubliée et divine, s'attestait, *quand même!* l'âme — soudainement apparue à son heure terrible — de la Maison de France.

LE TZAR ET LES GRANDS DUCS

1880.

Le couronnement prochain du Tzar me remet en mémoire un ensemble de circonstances dont la mystérieuse frivolité peut éveiller, en quelques esprits, la sensation d'une de ces *correspondances* dont parle Swedenborg. En tous cas, il en ressort que la réalité dépasse, quelquefois, dans le jeu fantaisiste de ses coïncidences, les limites les plus extrêmes du bizarre.

Pendant l'été de 1870, le Grand-duc de Saxe-Weimar offrit au tzar Alexandre II un festival artistique. Plusieurs souverains de l'Allemagne furent invités. C'était, je crois, à l'occasion d'un projet d'alliance entre une princesse de Saxe et le grand-duc Wladimir, frère du tzaréwitch.

Le programme comprenait une fête à Eisenach — et l'exécution des principales œuvres de Richard Wagner sur le petit théâtre, très en renom d'ailleurs, de Weimar.

Arrivé à l'*Hôtel du Prince*, la veille de la fête, je me trouvai placé, le soir, à table d'hôte, en face de Liszt — qui, sablant le champagne au milieu de sa cour féminine, me parut porter un peu nonchalamment sa soutane. — A ma gauche, gazouillait une jeune chanoinesse de la cour d'Autriche douée d'un petit nez retroussé — très en vogue, paraît-il — mais, en revanche, d'une de ces vertus austères qui l'avait fait surnommer sainte Roxelane.

Autour de la table courait madame Olga de Janina, la fantasque tireuse d'armes; nous étions entre artistes, on faisait petite ville.

A ma droite, se voûtait un chambellan du tzar, quinquagénaire de six pieds passés, le comte Phèdro, célèbre original. En deux ou trois plaisanteries, nous fîmes connaissance.

Ancien Polonais revenu à des idées plus pratiques, ce courtisan jouissait d'un sourire grâce auquel s'éclairaient toutes questions difficiles. J'appris, plus tard, que sa charge était une sorte de sinécure créée, à son usage, par la gracieuseté de l'Empereur. — Ah! l'étrange passant! Sa mise, toujours d'une élégance négligée, était sommée d'un légendaire chapeau bossué — n'est-ce pas incroyable? — comme celui de Robert-Macaire, et affectant la forme indécise d'un bolivar d'ivrogne après vingt chutes. Il y tenait! L'on eût dit le point saillant de sa personnalité, aux angles un peu effacés d'ailleurs. Somme toute, causeur affable, très connaisseur, très répandu. Je ne le traite à la légère, ici, que grâce à une impression dont je voudrais, en vain, me défendre.

— Vous précédez Sa Majesté? lui demandai-je avec une surprise naïve.

— Non, me répondit-il : je ne suis à Weimar qu'en simple amateur.

Sur une question vague, au sujet de l'agitation moderne en son pays d'adoption :

— De nos jours, me répondit-il, un tzar n'est observé avec malveillance que *par les milliers d'yeux de la petite seigneurie russe,* de la menue noblesse toujours mécontente. Quant à vos idées de liberté, elles sont, là-bas, inoffensives. Les serfs affranchis viennent, d'eux-mêmes, se revendre. Tous sont pour l'Empereur. Ce n'est plus sous les pieds d'un tzar, *c'est autour de lui que luisent les yeux de mauvais augure.*

Nous prenions le café. Tout en aspirant un régalia, Phëdro me conseillait, maintenant, en diplomate, sur les « moyens de *parvenir* dans la vie » — et j'écoutais cet adroit courtisan, comme dit Guizot, avec cette sorte d'estime triste qui ne peut se réfugier que dans le silence.

On se levait. Mon compagnon de voyage, M. Catulle Mendès, s'approcha de moi.

— Le Grand-duc vient passer la soirée chez Liszt, me dit-il : il désire que ses hôtes français lui soient présentés. Liszt, étant son maître de chapelle, m'envoie te prier d'accepter, sans cérémonie, une tasse de thé. Apporte un de tes manuscrits.

— Soit, répondis-je.

Vers neuf heures, chez Liszt, après une présentation semi-officielle, le Grand-duc, un élancé jeune homme de trente-huit à quarante ans, m'ayant prié de lui lire quelque fantaisie, je m'assis, auprès d'un candélabre, devant le guéridon sur lequel il s'accoudait. Entouré d'une vingtaine d'intimes de la cour et des amis du voyage, je donnai lecture, d'environ dix pages, d'une bouffonnerie énorme et sombre, couleur du siècle : Tribulat Bonhomet.

Il est des soirs où l'on est bien disposé, pour la gaîté. Un bon hasard m'avait fait tomber, sans doute, sur l'un d'eux. J'obtins donc un succès de fou rire très extraordinaire.

Cette hilarité presque convulsive s'empara des plus graves personnages de l'auditoire, jusqu'à leur faire oublier l'étiquette. J'en atteste les invités, le Grand-duc avait, littéralement, les larmes aux yeux. Un sévère officier de la maison du tzar, secoué par un étouffement, fut obligé de se retirer — et nous entendîmes dans l'antichambre les monstrueux éclats de rire solitaire auxquels il se livrait, enfin, en liberté. — Ce fut fantastique. Et je suis sûr que demain, en lisant ces lignes, S. A. R. le prince de Saxe-Weimar ne pourra se défendre d'un sourire au souvenir de cette soirée.

* * *

Le lendemain, par un beau soleil, dans la délicieuse vallée d'Eisenach, entourée de collines boisées que domine le féodal donjon de la Wartburg, les quinze ou vingt mille sujets de notre auguste châtelain s'ébattaient dans l'allégresse. — Des brasseries champêtres, des tréteaux pavoisés, des musiques, une fête en pleine nature ! Ce peuple aimait le passé, se sentant digne de l'avenir.

Le Grand-duc, seul, en redingote moderne, aimé comme un ami, vénéré de tous, se promenait au milieu des groupes. Signe particulier : on le saluait en souriant.

Le matin, j'avais visité la Wartburg. J'avais contemplé, à mon tour, cette tache noire que l'encrier de Martin Luther laissa sur la muraille, en s'y brisant, alors qu'un soir le digne réformateur, croyant entrevoir le Diable en face de la table où il écrivait, lui jeta ledit encrier aux cornes ! J'avais vu le couloir où sainte Élisabeth accomplit le miracle des roses, — la salle du Landgrave où les *minnesingers* Walter de la Vogelwelde et Wolfram d'Eischenbach furent vaincus par le chant du chevalier de Vénus.

La fête continuait donc l'impression des siècles, évoquée par la Wartburg.

Le Grand-duc, m'ayant aperçu dans le vallon, vint à moi par un mouvement de courtoisie charmante.

Pendant que nous causions, il salua de la main une très vieille femme qui passait, joyeuse, entre deux beaux étudiants ; ceux-ci, tête nue, lui donnaient le bras.

— C'est, me dit-il, l'artiste qui a créé la *Marguerite* du *Faust*, en Allemagne. Elle sera demain centenaire.

Quelques instants après, il reprit, avec un sourire :

— Dites-moi, n'avez-vous pas remarqué, ce matin, à la Wartburg, l'ours, le loup-cervier, le renne, le guépard, l'aigle, — toute une ménagerie ?

Sur mon affirmation, il ajouta, risquant un jeu de mots possible, seulement en français, sorte de calembour de souverain à l'usage des visiteurs :

— A présent, vous voyez le *grand-duc*. Il y en a par milliers dans le parc de Weimar. C'est le rendez-vous des oiseaux de nuit de l'Allemagne. Je les y laisse vieillir.

Un courrier du tzar, porteur d'un message, survint, conduit par un chambellan. Je m'éloignai. L'instant d'après, le comte Phëdro m'annonçait que l'empereur arrivait à Weimar dans la soirée, et qu'il assisterait, le lendemain, au *Vaisseau-fantôme*.

Le jour baissait sur les collines derrière le rideau

de verdure des frênes et des sapins, au feuillage maintenant d'or rouge. Les premières étoiles brillaient sur la vallée dans le haut azur du soir. Soudain, le silence se fit. — Au loin, un chœur de huit cents voix, d'abord invisible, commençait le *Chant des Pèlerins*, du *Tannhauser*. Bientôt les chanteurs, vêtus de longues robes brunes et appuyés sur leurs bâtons de pèlerinage, apparurent, gravissant les hauteurs du Vénusberg, en face de nous. Leurs formes se détachaient sur le crépuscule. — Où d'aussi surprenantes fantasmagories sont-elles réalisables, sinon dans ces contrées, tout artistiques, de l'Allemagne?... Lorsqu'après le puissant *forte* final, le chœur se tut, — une voix, une seule voix! celle de Betz ou de Scaria sans doute, — s'éleva, distincte, détaillant magnifiquement l'invocation de Wolfram d'Eischenbach à l'Étoile-du-Soir.

Le *minnessinger* était debout, au sommet du Vénusberg, seul, vision du passé, au-dessus du silence de cette foule. La réalité avait l'air d'un rêve. Le recueillement de tous était si profond que le chant s'éteignit, dans les échos, sans que personne eût l'idée, même, d'applaudir. Ce fut comme après une prière du soir.

Des gerbes de fusées tirées du donjon nous avertirent que la fête était finie. — Vers huit heures, je repris le train ducal et revins à Weimar. — Le tzar était arrivé.

.˙.

Au théâtre, le lendemain, je trouvai place dans la loge de l'étincelante madame de Moukhanoff à qui Chopin dédia la plupart de ses valses lunaires, sorte de musique d'esprits entendue le soir derrière les vitres d'un manoir abandonné. — Sainte Roxelane s'y trouvait aussi.

Au fond de la loge, Phëdro nous couvrait de son ombre magistrale.

La double galerie, toute la salle, éblouissait des feux d'une myriade de diamants, d'une profusion d'ordres en pierreries sur les uniformes bleu et or et sur les habits noirs. C'étaient aussi de pâles et purs profils d'étrangères, des blancheurs sur le velours des loges — et des regards altiers se croisant comme des saluts d'épées. Une race s'évoquait sur un front, d'un seul coup d'œil, comme un burg, sur le Rhin, dans un éclair.

Au centre, — dans la loge du Grand-duc et à côté de lui, — le prince Wladimir ; — auprès de ce jeune homme, l'une des princesses de Saxe-Weimar. A gauche, la loge du roi de Saxe.

A droite, celle du roi de Bavière absent. — Dans l'avant-scène de droite, froid, seul, en uniforme saxon, la croix de Malte au cou, le front enténébré de la mélancolie natale des Romanoff, se tenait, debout, le tzar Alexandre II.

Un coup de sonnette retentit. Une obscurité instantanée envahit la salle avec un grand silence. L'ouverture du *Vaisseau-fantôme* se déchaîna ; l'appel funèbre du Hollandais passait dans la houle sur les flots noirs, pareil au fatal refrain d'un Juif-errant de la mer. Tous écoutaient. Je regardai le tzar.

Il écoutait aussi.

A la fin de la soirée, l'esprit obsédé de tout ce bruit triomphal, je vins souper à l'*Hôtel du Prince*. Là, c'étaient des cris d'enthousiasme !

Préférant la solitude aux nombreux commentaires que j'entendais, je résolus d'aller me distraire en fumant, seul, dans le parc.

Je sortis, laissant les toasts s'achever, entre fins connaisseurs.

Ah! la belle nuit! Et le parc de Weimar, de nuit! quel enchantement! — J'entrai.

A gauche de la grille, au loin, sous un dôme de feuillages, une lueur brillait. C'était la maison de Goëthe, perdue, solitaire en cette immensité. Quel isolement des choses! Je marchais. Je voyais une vaste nappe de clarté lunaire, sur la pelouse, en face de la chambre où il était mort. — « De la lumière! » pensai-je. — Et je m'enfonçai sous les arbres centenaires d'une allée qui, entrecroisant à une hauteur démesurée leurs feuillées et leurs ramures, y assombrissaient encore l'obscurité.

Et une délicieuse odeur d'herbes, de buissons et de fleurs mouillées, d'écorces fendues par le moût immense de la sève — et cette houle, qui sort de la terre mêlée au frisson des plantes, me pénétraient.

Personne.

Je marchai pendant près d'une heure, sans m'orienter, au hasard.

Cependant les taillis, formés à hauteur d'homme par les premiers rameaux des arbres, me paraissaient bruire, à chaque instant, comme si des êtres vivants s'y agitaient.

En essayant de sonder leurs ténèbres, entre les

branches, j'aperçus des myriades de lueurs rondes, clignotantes, phosphorescentes. C'étaient les *grands-ducs* dont m'avait parlé (je m'incline) *celui* de Saxe-Weimar.

Certes, ils étaient familiers ! Nul ne les inquiétait. Une superstition les protégeait. Alignés par longues théories, sur de grosses branches, respectés des forestiers du prince, on les laissait à leurs méditations sinistres. Parfois un vol étouffé, cotonneux, traversait une avenue avec un cri. L'un d'eux, tous les dix ans peut-être, changeait d'arbre. A part ces rares envolées, rien ne troublait leurs taciturnes songeries. Leur nombre était surprenant.

Mon noctambulisme m'avait conduit jusqu'à l'ouverture d'une clairière au fond de laquelle j'entrevoyais le château ducal illuminé. Le royal souper devait durer encore ? Bientôt, je heurtai un obstacle. Je reconnus un banc. — Ma foi, je me laissai aller au calme et à la beauté de la nuit. Je m'étendis et m'accoudai, les yeux fixés sur la clairière. Il pouvait être une heure et demie du matin.

Tout à coup, au sortir de l'une des contre-allées qui avoisinent le château, quelqu'un parut, marchant vers ma retraite, un cigare à la main.

— Sans doute, quelque officier sentimental, pensai-je, voyant s'avancer lentement ce promeneur.

Mais, à l'entrée de mon allée, la lumière de la lune l'ayant baigné spontanément, je tressaillis.

— Tiens ! on dirait le tzar ! me dis-je.

Une seconde après, je le reconnus. Oui, c'était lui. L'homme qui venait de s'aventurer sous cette voûte noire où, seul, je veillais, — celui-là que je ne voyais plus, maintenant, mais que je savais être là, dont j'entendais les pas, au milieu de l'allée, dans la nuit, — c'était bien l'empereur Alexandre II. Cette façon de me trouver une première fois seul à seul avec lui m'impressionnait.

Personne, sur ses traces ! Pas un officier. Il avait tenu, je suppose, à respirer aussi, sans autre confident que le silence. J'écoutais ses pas s'approcher ; certes, il ne pouvait me voir... A trois pas, le feu de son cigare éclaira subitement, reflété par son hausse-col d'or, ses favoris grisonnants et les pointes blanches de sa croix de Malte. Ce ne fut qu'un éclair, fugitif mais inoubliable, dans cette épaisse obscurité.

Dépassant ma présence, je l'entendis s'éloigner vers une éclaircie latérale, située à une trentaine de pas de mon banc. Là je vis le tzar, s'arrêter, puis jeter un long coup d'œil sur l'espace du côté de l'aurore — vers l'Orient, plutôt! Brusquement il écarta de ses deux mains la ramée d'un haut taillis et demeura, les yeux fixés sur les lointains, fumant par moments et immobile.

Mais le bruit de ces branches froissées et brisées avaient jeté l'alarme derrière lui ! Et voici qu'entre les profondes feuillées des prunelles sans nombre s'allumèrent silencieusement! La phrase de Phèdro, par une analogie qui me frappa malgré moi, dans cette circonstance, me traversa l'esprit.

Ainsi, comme dans son pays — sans qu'il les aperçût — des milliers d'yeux, de menaçant augure, symbole persistant! observaient toujours, — même ici, perdu au fond d'une petite ville d'Allemagne, — ce tragique promeneur, ce maître spirituel et temporel de cent millions d'âmes et dont l'ombre couvrait tout un pan du monde!... Cet homme ne pouvait donc se mêler à la nuit sans que le souvenir de Pierre le Grand et de ses vœux démesurés ne passât sur un front, ne fût-ce que sur celui d'un songeur inconnu!

Au bout de peu d'instants, l'Empereur revint sur ses pas, dans l'allée, sous le feu de toutes ces prunelles d'oiseaux occultes dont il semblait passer, sans le savoir, la sinistre revue. Bientôt je sentis qu'il frôlait le banc où j'étais étendu.

Il s'éloignait vers la clairière, y reparut en pleine clarté, puis, au détour d'une avenue, là bas, disparut subitement.

Demain, lorsque, dans Moscou, d'innombrables voix, entonnant le « *Bogë Tzara Harni* » scandé par le feu des puissants canons de la capitale religieuse de l'Empire, et alterné par les lourdes cloches du Kremlin, annonceront au monde le sacre du jeune successeur d'Alexandre II, — le songeur du parc de Weimar se souviendra, lui, du solitaire marcheur dont les pas sonnèrent ainsi, une nuit, à son oreille ! — Il se rappellera le promeneur qui écartait, d'un geste fatigué, les branches qui gênaient sa vue et ses pensées — il évoquera la haute figure du prédécesseur qui passa, dans l'ombre, — alors qu'autour de ce tzar, aussi l'épiant et l'observant en silence, d'obliques regards se multipliaient, menaçant son front morose et dédaigneux.

L'AVENTURE DE TSE-I-LA

« Devine, ou je te dévore. »
LE SPHYNX.

Au nord du Tonkin, très loin dans les terres, la province de Kouang-Si, aux rizières d'or, étale jusqu'aux centrales principautés de l'Empire du Milieu ses villes aux toits retroussés dont quelques-unes sont encore de mœurs à demi tartares.

Dans cette région, la sereine doctrine de Lao-Tseu n'a pas encore éteint les vivaces crédulités aux Poussahs, sortes de génies populaires de la Chine. Grâce au fanatisme des bonzes de la contrée, la superstition chinoise, même chez les grands, y fermente plus âpre que dans les états moins éloignés de Péï-Tsin (Pékin); — elle diffère des croyances mandchoues en ce qu'elle admet les interventions *directes* des « dieux » dans les affaires du pays.

L'avant-dernier vice-roi de cette immense dépendance impériale fut le gouverneur Tchë-Tang, lequel a laissé la mémoire d'un despote sagace, avare et féroce. Voici à quel ingénieux secret ce prince, échappant à mille vengeances, dut de s'éteindre en paix au milieu de la haine de son peuple — dont il brava, jusqu'à la fin, sans soucis ni périls, les bouillonnantes fureurs assoiffées de son sang.

*
* *

Une fois — quelque dix ans peut-être avant sa mort — par un midi d'été dont l'ardeur faisait miroiter les moires des étangs, craquer les feuillages des arbres, rutiler la poussière — et versait une pluie de flamme sur ces myriades de vastes et hauts kiosques, aux triples étages, qui, s'avoisinant selon les méandres des rues, constituent la capitale Nan-Tchang ainsi que toute grande ville du Céleste-Empire. — Tchë-Tang, assis dans la plus fraîche des salles d'honneur de son palais, sur un siège noir incrusté de fleurs de nacre aux liserons d'or neuf, s'accoudait, le menton dans la main, le sceptre sur les genoux.

Derrière lui, la statue colossale de Fô, l'inexprimable dieu, dominait son trône. Sur les degrés veillaient ses gardes, en armures écaillées de cuir noir, la lance, l'arc ou la longue hache au poing. A sa droite se tenait debout son bourreau favori, l'éventant.

Les regards de Tchë-Tang erraient sur la foule des mandarins, des princes de sa famille et sur les grands officiers de sa cour. Tous les fronts étaient impénétrables. Le roi, se sentant haï, entouré d'imminents meurtriers, considérait, en proie aux soupçons indécis, chacun des groupes où l'on causait à voix basse. Ne sachant qui exterminer, s'étonnant, à chaque instant, de vivre encore, il rêvait, taciturne et menaçant.

Une tenture s'écarta, donnant passage à un officier : celui-ci amenait, par la natte, un jeune homme inconnu, aux grands yeux clairs et d'une belle physionomie. L'adolescent était revêtu d'une robe de soie feu, à ceinture brochée d'argent. Devant Tchë-Tang, il se prosterna.

Sur un coup d'œil du roi :

— Fils du Ciel, répondit l'officier, ce jeune homme a déclaré n'être qu'un obscur citoyen de la ville et s'appeler Tsë-i-la. Cependant, au mépris de la Mort lente, il offre de prouver qu'il vient en mission vers toi de la part des Poussahs immortels.

— Parle, dit Tchë-Tang.

Tsë-i-la se redressa.

*
* *

— Seigneur, dit-il d'une voix calme, je sais ce qui m'attend si je tiens mal mes paroles. — Cette nuit, dans un songe terrible, les Poussahs, m'ayant favorisé de leur visitation, m'ont fait présent d'un secret qui éblouit l'entendement mortel. Si tu daignes l'écouter, tu reconnaîtras qu'il n'est point d'origine humaine, car l'entendre, seulement, éveillera, dans ton être, un sens nouveau. Sa vertu te communiquera sur-le-champ le don mystérieux de lire — les yeux fermés, dans l'espace qui sépare les prunelles des paupières — *les noms mêmes, en traits de sang! de tous ceux qui pourraient conspirer contre ton trône ou ta vie, au moment précis où leurs esprits en concevraient le dessein.* Tu seras donc à l'abri, pour toujours, de toute surprise funeste, et vieilliras, paisible, en ton autorité. Moi, Tsë-i-la, je jure ici, par Fô, dont l'image projette son ombre sur nous, que le magique attribut de ce secret est bien tel que je te l'annonce.

A ce stupéfiant discours, il y eut, dans l'assemblée, un frémissement et un grand silence. Une vague angoisse émouvait l'impassibilité ordinaire des visages. Tous examinaient le jeune inconnu qui, sans trembler, s'attestait, ainsi, possesseur et messager d'un sortilège divin. Plusieurs s'efforçant en vain de sourire, mais n'osant s'entre-regarder, pâlissaient, malgré eux, de l'assurance de Tsë-i-la. Tchë-Tang observait autour de lui cette gêne dénonciatrice.

Enfin, l'un des princes, — pour dissimuler, sans doute, son inquiétude, s'écria :

— Nous n'avons que faire des propos d'un insensé ivre d'opium.

Les mandarins, alors, se rassurant :

— Les Poussahs n'inspirent que les très vieux bonzes des déserts.

Et l'un des ministres :

— C'est à notre examen, tout d'abord, de décider si le prétendu secret dont ce jeune homme se croit dépositaire est digne d'être soumis à la haute sagesse du roi.

A quoi, les officiers irrités :

— Et lui-même... peut-être n'est-il qu'un de ceux dont le poignard n'attend, pour frapper le Maître, que l'instant où les yeux distraits...

— Qu'on l'arrête !

Tchë-Tàng étendit sur Tsë-i-la son sceptre de jade où brillaient des caractères sacrés :

— Continue, dit-il, impassible.

Tsë-i-la reprit alors, en agitant, du bout des doigts, autour de ces joues, un petit éventail en brins d'ébène :

— Si quelque torture pouvait persuader Tsë-i-la de trahir son grand secret en le révélant à d'autres, qu'au roi seul, j'en atteste les Poussahs qui nous écoutent, invisibles, ils ne m'eussent point choisi pour interprète ! — O princes, non, je n'ai pas fumé d'opium, je n'ai pas le visage d'un insensé, je ne porte point d'armes. Seulement, voici ce que j'ajoute. Si j'affronte la Mort lente, c'est qu'un tel secret vaut également, s'il est réel, une récompense digne de lui. Toi seul, ô roi, jugeras donc, en ton équité, s'il mérite le prix que je t'en demande. — Si, tout à coup, au son même des mots qui l'énoncent tu ressens en toi, sous tes yeux fermés, le don de sa vertu vivante — et son prodige ! — les dieux m'ayant fait noble en me l'inspirant de leur souffle d'éclairs, tu m'accorderas Li-tien-Së, ta fille radieuse, l'insigne princier des mandarins et cinquante mille liangs d'or.

En prononçant les mots « liangs d'or », une imperceptible teinte rose monta aux joues de Tsë-i-la, qu'il voila d'un battement d'éventail.

L'exorbitante récompense réclamée provoqua le sourire des courtisans et courrouça le cœur ombrageux du roi, dont elle révoltait l'orgueil et l'avarice. Un cruel sourire glissa, aussi, sur ses lèvres en regardant le jeune homme qui, intrépide, ajouta :

— J'attends de toi, Seigneur, le serment royal, par Fô, l'inexprimable dieu qui venge des parjures, que tu acceptes, selon que mon secret te paraîtra positif ou chimérique, de m'accorder *cette* récompense ou la mort qu'il te plaira.

Tchë-Tang se leva :

— C'est juré, dit-il ; — suis-moi.

*
* *

Quelques moments après, — sous des voûtes qu'une lampe, suspendue au-dessus de sa charmante tête, éclairait, — Tsë-i-la, lié de cordes fines à un poteau, regardait, en silence, le roi Tchë-Tang, dont la haute taille apparaissait, dans l'ombre, à trois pas de lui. Le roi se tenait debout, adossé à la porte de fer du caveau ; sa main droite s'appuyait sur le front d'un dragon de métal qui sortait de la muraille et dont l'œil unique semblait considérer Tsë-i-la.— La robe verte de Tchë-Tang jetait des clartés ; son collier de pierreries étincelait, sa tête seule, dépassant le disque noir de la lampe, se trouvait dans l'obscurité.

Sous l'épaisseur de la terre, nul ne pouvait les entendre.

— J'écoute, dit Tchë-Tang.

— Sire, dit Tsë-i-la, je suis un disciple du merveilleux poète Li-taï-pé.— Les dieux m'ont donné en génie, ce qu'ils t'ont donné en puissance : ils ont ajouté la pauvreté, pour grandir mes pensées. Je les remerciais donc, chaque jour, de tant de faveurs, et vivais paisible, sans désirs, — lorsqu'un soir, sur la terrasse élevée de ton palais, au-dessus des jardins, dans les airs argentés par la lune, j'ai vu ta fille Li-tien-Së, — qu'encensaient, à ses pieds les fleurs diaprées des grands arbres, au vent de la nuit. — Depuis ce soir là, mon pinceau n'a plus tracé de caractères, et je sens en moi qu'elle aussi songe au rayonnement dont elle m'a pénétré !... Lassé de languir, préférant fût-ce la plus affreuse mort au supplice d'être sans elle, j'ai voulu, par un trait héroïque, d'une subtilité presque divine, m'élever, moi, passant, ô roi ! jusqu'à elle, ta fille !

Tchë-Tang, sans doute par un mouvement d'impatience, appuya son pouce sur l'œil du dragon. Les deux battants d'une porte roulèrent sans bruit devant Tsë-i-la, lui laissant voir l'intérieur d'un cachot voisin.

Trois hommes, en habits de cuir, s'y tenaient près d'un brasier où chauffaient des fers de torture. De la voûte tombait une corde de soie, solide, s'effilant en fines tresses et sous laquelle brillait une petite cage d'acier, ronde, trouée d'une ouverture circulaire.

Ce que voyait Tse-i-la, c'était l'appareil de la Mort terrible. Apres d'atroces brûlures, la victime était suspendue en l'air, par un poignet, à cette corde de soie, — le pouce de l'autre main attaché, en arrière, au pouce du pied opposé. On lui ajustait alors cette cage autour de la tête, et, l'ayant fixée aux épaules, on la refermait après y avoir introduit deux grands rats affamés. Le bourreau imprimait ensuite, au condamné, un balancement. Puis il se retirait, le laissant dans les ténèbres et ne devant revenir le visiter que le surlendemain.

A cet aspect, dont l'horreur impressionnait, d'ordinaire, les plus résolus :

— Tu oublies que nul ne doit m'entendre, hors toi ! dit froidement Tsë-i-la.

Les battants se refermèrent.

— Ton secret ? gronda Tchë-Tang.

— Mon secret, tyran ! — C'est que ma mort entraînerait la tienne, ce soir ! dit Tsë-i-la, l'éclair du génie dans les yeux. — Ma mort ? Mais, c'est elle seule, ne le comprends-tu pas, qu'espèrent, là haut, ceux qui attendent ton retour en frémissant !... Ne serait-elle pas l'aveu de la nullité de mes promesses ?... Quelle joie pour eux de rire tout bas, en leurs cœurs meurtriers, de ta crédulité déçue ? Comment ne serait-elle pas le signal de ta perte ?... Assurés de l'impunité, furieux de leur angoisse, comment, devant toi, diminué de l'espoir avorté, leur haine hésiterait-elle encore ?... Appelle tes bourreaux ! Je serai vengé. Mais je le vois : déjà tu sens bien que si tu me fais périr, ta vie n'est plus qu'une question d'heures ; et que tes enfants égorgés, selon l'usage, te suivront ; — et que Li-tien-Së, ta fille, fleur de délices, deviendra la proie de tes assassins.

« Ah ! si tu étais un prince profond !... Supposons que, tout à l'heure, au contraire, tu rentres, le front comme aggravé de la mystérieuse voyance prédite, entouré de tes gardes, la main sur mon épaule, dans la salle de ton trône — et que là, m'ayant toi-même revêtu de la robe des princes, tu mandes la douce Li-tien-Sè — ta fille, et mon âme! — qu'après nous avoir fiancés, tu ordonnes à tes trésoriers de me compter, officiellement, les cinquante mille liangs d'or, je jure qu'à cette vue tous ceux de tes courtisans dont les poignards sont à demi tirés dans l'ombre, contre toi, tomberont défaillants, prosternés et hagards, — et qu'à l'avenir nul n'oserait admettre, en son esprit, une pensée qui te serait ennemie. — Songe donc! L'on te sait raisonnable et froid, clairvoyant dans les conseils de l'État; donc il ne saurait être possible qu'une chimère vaine eût suffi pour transfigurer, en quelques instants, la soucieuse expression de ton visage en celle d'une stupeur sacrée, victorieuse, tranquille!... Quoi! l'on te sait cruel, et tu me laisses vivre? L'on te sait fourbe, et tu me laisses vivre? L'on te sait cupide, et tu me prodigues tant d'or? L'on te sait altier dans ton amour paternel, et tu me donnes ta fille, pour une parole, à moi, passant inconnu? Quel doute subsisterait devant ceci ?... En quoi voudrais-tu que consistât la valeur d'un secret, insufflé par les vieux génies de notre Ciel, *sinon dans l'environnante conviction que tu le possèdes?...* C'est elle seule qu'il s'agissait de CRÉER ! je l'ai fait. Le reste dépend de toi. J'ai tenu parole! — Va, je n'ai précisé les liangs d'or et la dignité que je dédaigne que pour laisser mesurer à la munificence du prix arraché à ta duplicité célèbre, l'épouvantable importance de mon imaginaire secret.

» Roi Tchë-Tang, moi, Tsë-i-la, qui, attaché, par tes ordres à ce poteau, exalte, devant la Mort terrible, la gloire de l'auguste Li-taï-pé, mon maître, aux pensées de lumière, — je te déclare, en vérité, voici ce que te dicte la sagesse. — Rentrons le front haut, te dis-je, et radieux ! Fais grâce, d'un cœur sous l'impression du Ciel! Menace d'être à l'avenir sans miséricorde. Ordonne des fêtes illuminées, pour la joie des peuples, en l'honneur de Fô (qui m'inspira cette ruse divine!) — Moi, demain je disparaîtrai. J'irai vivre, avec l'élue de mon amour, dans quelque province heureuse et lointaine, grâce aux salutaires liangs d'or. — Le bouton de diamant des mandarins — que tout à l'heure je recevrai de ta largesse, avec

tant de semblants d'orgueil, — je présume que je ne le porterai jamais ; j'ai d'autres ambitions : je crois seulement aux pensées harmonieuses et profondes, qui survivent aux princes et aux royaumes ; étant roi dans leur immortel empire, je n'ai que faire d'être prince dans les vôtres. Tu as éprouvé que les dieux m'ont donné la solidité du cœur et l'intelligence égale à celle, n'est-ce pas, de ton entourage ? Je puis donc, mieux que l'un de tes grands, mettre la joie dans les yeux d'une jeune femme. Interroge Li-tien-Së, mon rêve ! Je suis sûr qu'en voyant mes yeux, elle te le dira.
— Pour toi, couvert d'une superstition protectrice, tu régneras, et si tu ouvres tes pensées à la justice, tu pourras changer la crainte en amour de ton trône raffermi. C'est là le secret des rois dignes de vivre ! Je n'en ai pas d'autres à te livrer.
— Pèse, choisis et prononce ! J'ai parlé.

Tsë-i-la se tut.

Tchë-Tang, immobile, parut méditer quelques instants. Sa grande ombre silencieuse s'allongeait sur la porte de fer. Bientôt, il descendit vers le jeune homme — et, lui mettant les mains sur les épaules, le regarda fixement, au fond des yeux, comme en proie à mille sentiments indéfinissables.

Enfin, tirant son sabre, il coupa les liens de Tsë-i-la; puis, lui jetant son collier royal autour du cou :

— Viens, dit-il.

Il remonta les degrés du cachot et appuya sa main sur la porte de lumière et de liberté.

Tsë-i-la, que le triomphe de son amour et de sa soudaine fortune éblouissait un peu, considérait le nouveau présent du roi :

— Quoi! ces pierreries encore! murmurait-il : qui donc te calomniait? C'est plus que les richesses promises! — Que veut payer le roi, par ce collier?

— Tes injures! répondit dédaigneusement Tchë-Tang, en rouvrant la porte vers le soleil.

AKEDYSSERIL

A monsieur le Marquis de Salisbury.

Toute chose ne se constitue que de son vide.
Livres Hindous.

La ville sainte apparaissait, violette, au fond des brumes d'or ; c'était un soir des vieux âges; la mort de l'astre Souryâ, phénix du monde, arrachait des myriades de pierreries aux dômes de Bénarès.

Sur les hauteurs, à l'est occidental, de longues forêts de palmiers-palmyres mouvaient les bleuissements dorés de leurs ombrages sur les vallées du Habad ! — à leurs versants opposés s'alternaient, dans les flammes du crépuscule, de mystiques palais séparés par des étendues de roses, aux corolles par milliers ondulantes sous l'étouflante brise. Là, dans ces jardins, s'élançaient des fontaines dont les jets retombaient en gouttes d'une neige couleur de feu.

Au centre du faubourg de Sécrole, le temple de de Wishnou-l'éternel de ses colonnades collossales dominait la cité : ses portails lamés d'or réfractaient les clartés aériennes et, s'espaçant à ses alentours, les cent quatre-vingt-seize sanctuaires des Dévas plongeaient les blancheurs de leurs bases de marbre, lavaient les degrés de leurs parvis dans les étincelantes eaux du Gange : les ciselures à jour de leurs créneaux s'enfonçaient jusque dans la pourpre des lents nuages passants.

L'eau radieuse dormait sous les quais sacrés ; des voiles, à des distances, pendaient, avec des frissons de lumière, sur la magnificence du fleuve, et l'immense ville riveraine se déroulait en un désordre oriental, étageant ses avenues, multipliant ses maisons sans nombre aux coupoles blanches, ses monuments, jusqu'aux quartiers des Parsis où le pyramidion du lingham de Sivà, l'ardent Wissikhor, semblait brûler dans l'incendie de l'azur.

Aux plus profonds lointains, l'allée circulaire des Puits, les interminables habitations militaires,

les bazars de la zone des Échanges, enfin les tours
des citadelles bâties sous le règne de Wisvamithra
se fondaient en des teintes d'opale, si pures qu'y
scintillaient déjà des lueurs d'étoiles. Et surplombant dans les cieux mêmes, ces confins de l'horizon, de démesurées figures d'êtres divins, sculptées sur les crêtes rocheuses des monts du Habad,
siégeaient, évasant leurs genoux dans l'immensité :
c'étaient des cimes taillées en forme de dieux ; la
plupart de ces silhouettes élevaient, dans l'abîme,
à l'extrémité d'un bras vertigineux, un lotus de
pierre ; — et l'immobilité de ces présences inquiétait l'espace, effrayait la vie.

Cependant, au déclin de cette journée, dans
Bénarès, une rumeur de gloire et de fête étonnait
le silence accoutumé des tombées du soir. — La
multitude emplissait d'une allégresse grave les
rues, les places publiques, les avenues, les carrefours et les pentes sablonneuses des deux rivages,
car les veilleurs des Tours-saintes venaient de
heurter, de leurs maillets de bronze, leurs gongs
où tout à coup avait semblé chanter le tonnerre.
Ce signal, qui ne retentissait qu'aux heures
sublimes, annonçait le retour d'Akëdysséril, de la
jeune triomphatrice des deux rois d'Agra, — de la

svelte veuve au teint de perle, aux yeux éclatants,
— de la souveraine, enfin, qui, portant le deuil
en sa robe de trame d'or, s'était illustrée à l'assaut
d'Éléphanta par des faits d'héroïsme qui avaient
enflammé autour d'elle mille courages.

* *
*

Akëdysséril était la fille d'un pâtre, Gwalior.

Un jour, au profond d'un val des environs de
Bénarès, par un automnal midi, les Dévas propices
avaient conduit, à travers des hasards, aux bords
d'une source où la jeune vierge baignait ses pieds,
un chasseur d'aurochs, Sinjab, l'héritier royal, fils
de Séür le Clément qui régnait alors sur l'immense contrée du Habad. Et, sur l'instant même, le
charme de l'enfant prédestinée avait suscité, dans
tout l'être du jeune prince, un amour divin ! La
revoir encore embrasa bientôt si violemment les
sens de Sinjab qu'il l'élut, d'un cœur ébloui, pour
sa seule épouse, — et c'était ainsi que l'enfant du
conducteur de troupeaux était devenue conductrice de peuples.

Or, voici : peu de temps après la merveilleuse
union, le prince, — qu'elle aussi avait aimé à
jamais, — était mort. Et, sur le vieux monarque,

un désespoir avait à ce point projeté l'ombre dont on succombe, que tous entendirent, par deux fois, dans Bénarès, l'aboiement des chiens funèbres d'Yama, le dieu qui appelle, — et les peuples avaient dû élever, à la hâte, un double tombeau.

Désormais, n'était-ce pas au jeune frère de Sinjab, — à Sedjnour, le prince presque enfant, — que la succession dynastique du trône de Séür, sous la tutelle auguste d'Akëdyssëril, devait être transmise ?

Peut-être : nul ne délimitera la justice d'aucun droit chez les mortels.

Durant les rapides jours de son ascendante fortune, — du vivant de Sinjab, enfin, — la fille de Gwalior, émue, déjà, de secrètes prévisions et d'un cœur tourmenté par l'avenir, s'était conduite en brillante rieuse de tous droits étrangers à ceux-là seuls que consacrent la force, le courage et l'amour. — Ah! comme elle avait su, par de politiques largesses de dignités et d'or, se créer, à la cour de Séür, dans l'armée, dans la capitale, au conseil des vizirs, dans l'état, dans les provinces, parmi les chefs des brahmes, un parti d'une puissance que, d'heure en heure, le temps avait consolidée !... Anxieuse, aujourd'hui, des lendemains d'un avènement nouveau dont la nature, même, lui était inconnue — car Séür avait désiré que la jeunesse de Sedjnour s'instruisît au loin, chez les sages du Népâl — Akëdysséril, dès que le rappel du jeune prince eût été ordonné par le conseil, résolut de s'affranchir, d'avance, des adversités que le caprice du nouveau maître pourrait lui réserver. Elle conçut le dessein de se saisir, au dédain de tous discutables devoirs, de la puissance royale.

Pendant la nuit du souverain deuil, celle qui ne dormait pas avait donc envoyé, au-devant de Sedjnour, des détachements de sowaris bien éprouvés d'intérêts et de foi pour sa cause, pour elle et pour les outrances de sa fortune. Le prince fut fait captif, brusquement, avec son escorte, — ainsi que la fille du roi de Sogdiane, la princesse Yelka, sa fiancée d'amour, accourue à sa rencontre, faiblement entourée.

Et ce fut au moment où tous deux s'apparaissaient pour la première fois, sur la route, aux clartés de la nuit.

Depuis cette heure, prisonniers d'Akëdysséril, les deux adolescents vivaient précipités du trône, isolés l'un de l'autre en deux palais que séparait le vaste Gange, et surveillés, sans cesse, par une garde sévère.

Ce double isolement, une raison d'état le motivait : si l'un d'eux parvenait à s'enfuir, l'autre demeurait en otage et, réalisant la loi de prédestination promise aux fiancés dans l'Inde ancienne, ne s'étant apparus cependant, qu'une fois, ils étaient devenus la pensée l'un de l'autre et s'aimaient d'une ardeur éternelle.

.˙.

Près d'une année de règne affermit le pouvoir entre les mains de la dominatrice qui, fidèle aux mélancolies de son veuvage et seulement ambitieuse peut-être, de mourir illustre, belle et toute-puissante, traitait, en conquérante aventureuse, avec les rois hindous, les menaçant ! — Son lucide esprit n'avait-il pas su augmenter la prospérité de ses États ! Les Dévas favorisaient le sort de ses armes. Toute la région l'admirait, subissant avec amour la magie du regard de cette guerrière — si délicieuse qu'en recevoir la mort était une faveur qu'elle ne prodiguait pas.

Et puis, une légende de gloire s'était répandue touchant son étrange valeur dans les batailles :

souvent, les légions hindoues l'avaient vue, au fort des plus ardentes mêlées, se dresser, toute radieuse et intrépide, fleurie de gouttes de sang, sur l'haodah lourd de pierreries de son éléphant de guerre et, insoucieuse, sous les pluies de javelots et de flèches, indiquer, d'un altier flamboiement de cimeterre, la victoire.

C'est pourquoi le retour d'Akëdysséril dans sa capitale, après un guerroyant exil de plusieurs lunes, était accueilli par les transports de son peuple.

Des courriers avaient prévenu la ville lorsque la reine n'en fut plus distante que de très peu d'heures. Maintenant, on distinguait, au loin déjà, les éclaireurs aux turbans rouges, et des troupes aux sandales de fer descendaient les collines : la reine viendrait, sans doute, par la route de Surate ; elle entrerait par la porte principale des citadelles, laissant camper ses armées dans les villages environnants.

Déjà, dans Bénarès, au profond de l'allée de Pryamvéda, des torches couraient sous les térébinthes ; les esclaves royaux illuminaient de lampes, en hâte, l'immense palais de Séür. La population cueillait des branches triomphales et les femmes jonchaient de larges fleurs l'avenue du palais, transversale à l'allée des Richis, s'ouvrant sur la place de Kama ; l'on se courbait, par foules, à de fréquents intervalles, en écoutant frémir la terre sous l'irruption des chars de guerre, des fantassins en marche et des flots de cavalerie.

Soudain, l'on entendit les sourds bruissements des tymbrils mêlés à des cliquetis d'armes et de chaînes — et, brisées par les chocs sonores de ces cymbales, les mélopées des flûtes de cuivre. Et voici que, de toute part, des cohortes d'avant-garde entraient dans la ville, enseignes hautes, exécutant, en désordre, les commandements vociférés par leurs sowaris.

Sur la place de Kama, l'esplanade de la porte de Surate était couverte de ces fauves tapis d'Irmensul — et des lointaines manufactures d'Ypsamboul — tissus aux bariolures éteintes, importés annuellement des marchands touraniens qui les échangeaient contre des eunuques.

Entre les branches des aréquiers, des palmiers-palmyres, des mangliers et des sycomores, le long de l'avenue du Gange, flottaient de riches étoffes de Bagdad, en signe de bonheur. Sous les dais de la porte d'Occident, aux deux angles du porche énorme de la forteresse, un éblouissant cortège de courtisans aux longues robes brodées, de brahmes, d'officiers du palais, attendaient, entourant le vizir-gouverneur auprès duquel étaient assis les trois vizirs-guikowars du Habad. — On donnerait des réjouissances, on distribuerait au peuple le butin d'Éléphanta — de la poudre d'or, aussi — et, surtout, on livrerait, aux lueurs d'une torche solitaire, dans la vaste enceinte du cirque, de ces nocturnes combats de rhinocéros qu'idolâtraient les Hindous. Les habitants redoutaient seulement que des blessures eussent atteint la beauté de la reine ; ils questionnaient les haletants éclaireurs ; à grand'peine, ils étaient rassurés.

Dans un espace laissé libre, entre d'élevés et lourd trépieds de bronze d'où s'échappaient de bleuâtres vapeurs d'encens, se tordaient, en des guirlandes, des théories de bayadères vêtues de gazes brillantes ; elles jouaient avec des chaînes de perles, faisaient miroiter des courbures de poignards, simulaient des mouvements de volupté, — des disputes, aussi, pour donner à leurs traits une animation ; — c'était à l'entrée de l'avenue des Richis sur le chemin du palais.

*
* *

A l'autre extrémité de la place de Kama s'ouvrait, silencieusement, la plus longue avenue. Celle-là, depuis des siècles, on en détournait le regard. Elle s'étendait, déserte, assombrissant, sur son profond parcours à l'abandon, les voûtes de ses noirs feuillages. Devant l'entrée, une longue ligne de psylles, ceinturés de pagnes grisâtres, faisait danser des serpents droits sur la pointe de la queue, aux sons d'une musique aiguë.

C'était l'avenue qui conduisait au temple de Sivà. Nul Hindou ne se fût aventuré sous l'épaisseur de son horrible feuillée. Les enfants étaient accoutumés à n'en parler jamais — fût-ce à voix basse. Et, comme la joie oppressait, aujourd'hui, les cœurs, on ne prenait aucune attention à cette avenue. On eût dit qu'elle n'arrondissait pas là, béante, ses ténèbres, avec son aspect de songe. D'après une très vieille tradition, à de certaines nuits, une goutte de sang suintait de chacune des feuilles, et cette ondée de pleurs rouges tombait, tristement, sur la terre, détrempant le sol de la lugubre allée dont l'étendue était toute pénétrée de l'ombre même de Siva.

.·.

Tous les yeux interrogeaient l'horizon. — Viendrait-elle avant que montât la nuit ? Et c'était une impatience à la fois recueillie et joyeuse.

Cependant le crépuscule s'azurait, les flammes dorées s'éteignaient et, dans la pâleur du ciel, déjà, — des étoiles...

Au moment où le globe divin oscillait au bord de l'espace, prêt à s'abîmer, de longs ruisseaux de feu coururent, en ondulant, sur les vapeurs occidentales, — et voici qu'en cet instant même, au sortir des défilés de ces lointaines collines entre lesquelles s'aplanissait la route de Surate, apparurent, en des étincellements d'épaisses poussières, des nuages de cavaliers, puis des milliers de lances, des chars — et, de tous côtés, couronnant les hauteurs, surgirent des fronts de phalanges aux caftans brunis, aux semelles fauves, aux genouillières d'airain d'où sortaient de centrales pointes mortelles : un hérissement de piques dont presque toutes les extrémités, enfoncées en des têtes coupées, entreheurtaient celles-ci en de farouches baisers, au hasard de chaque pas. Puis, escortant l'attirail roulant des machines de siège, et les claies sans nombre, attelées de robustes onagres, où, sur des litières de feuilles, gisaient les blessés, d'autres troupes de pied, les javelots ou la grande fronde à la ceinture ; — enfin, les chariots des vivres. C'était là presque toute l'avant-garde ; ils descendaient, en hâte, les pentes des sentiers, vers la ville, y pénétrant circulairement par toutes les portes. Peu après, les éclats de trompettes royales, encore invisibles, répondirent, là-bas, aux gongs sacrés qui grondaient sur Bénarès.

Bientôt des officiers émissaires arrivèrent au galop, éclaircissant la route, criant différents ordres, et suivie d'un roulis de pesants traîneaux d'où débordaient des trophées, des dépouilles opulentes, des richesses, le butin, entre deux légions de captifs cheminant tête basse, secouant des chaînes et que précédaient, sur leurs massifs chevaux tigrés, les deux rois d'Agra. Ceux-ci, la reine les ramenait en triomphe dans sa capitale, bien qu'avec de grands honneurs.

Derrière eux venaient des chars de guerre, aux frontons rayonnants, montés par des adolescentes en armures vermeilles, saignant, quelques-unes, de blessures mal serrées de langes, un grand arc transversal, aux épaules, croisé de faisceaux de flèches : c'étaient les belliqueuses suivantes de la maîtresse terrible.

Enfin, dominant ce désordre étincelant, au centre d'un demi-orbe formé de soixante-trois éléphants de bataille tout chargés de sowaris et de guerriers d'élite — que suivait, de tous côtés, là-bas, là-bas, l'immense vision d'un enveloppement d'armées — apparut l'éléphant noir, aux défenses dorées, d'Akëdysséril.

A cet aspect, la ville entière, jusque-là muette et saisie à la fois d'orgueil et d'épouvante, exhala son convulsif transport en une tonnante acclamation ; des milliers de palmes, agitées, s'élevèrent ; ce fut une enthousiaste furie de joie.

Déjà, dans la haute lueur de l'air, on distinguait la forme de la reine du Habad qui, debout entre les quatre lances de son dais, se détachait, mystiquement, blanche en sa robe d'or, sur le disque du soleil. On apercevait, à sa taille élancée, le ceinturon constellé où s'agrafait son cimeterre. Elle mouvait elle-même, entre les doigts de sa main gauche, la chaînette de sa monture formidable. A l'exemple des Dévas sculptés au loin sur le faîte des monts du Habad, elle élevait, en sa main droite, la fleur sceptrale de l'Inde, un lotus d'or mouillé d'une rosée de rubis.

Le soir, qui l'illuminait, empourprait le grandiose entourage. Entre les jambes des éléphants pendaient, distinctes, sur le rouge-clair de l'espace, les diverses extrémités des trompes, — et, plus haut, latérales, les vastes oreilles sursautantes, pareilles à des feuilles de palmiers. Le ciel jetait, par éclairs, des rougeoiements sur les pointes des ivoires, sur les pierres précieuses des turbans, les fers des haches.

Et le terrain résonnait sourdement sous ces approches.

Et, toujours entre les pas de ces colosses, dont le demi-cercle effroyable masquait l'espace une monstrueuse nuée noire, mouvante, sembla s'élever, de tous côtés à la fois, orbiculaire — et graduellement — du ras de l'horizon : c'était l'armée qui surgissait derrière eux, là-bas, étageant, entrecoupées de mille dromadaires, ses puissantes lignes. La ville se rassurait en songeant que les campements étaient préparés dans les bourgs prochains.

Lorsque la reine du Habad ne fut plus éloignée de l'Entrée-du-Septentrion que d'une portée de flèches, les cortèges s'avancèrent sur la route pour l'accueillir.

Et tous reconnurent, bientôt, le visage sublime d'Akëdysséril.

.•.

Cette neigeuse fille de la race solaire était de taille élevée. La pourpre mauve, intreillée de longs diamants, d'un bandeau fané dans les batailles, cerclait, espacé de hautes pointes d'or, la pâleur de son front. Le flottement de ses cheveux, au long de son dos svelte et musclé, emmêlait ses bleuâtres ombres, sur le tissu d'or de sa robe, aux bandelettes de son diadème. Ses traits étaient d'un charme oppressif qui, d'abord, inspirait plutôt le trouble que l'amour. Pourtant des enfants sans nombre, dans le Habad, languissaient, en silence, de l'avoir vue.

Une lueur d'ambre pâle, épandue en sa chair, avivait les contours de son corps : telles ces transparences dont l'aube, voilée par les cimes hymalaïennes, en pénètre les blancheurs comme intérieurement.

Sous l'horizontale immobilité des longs sourcils, deux clartés bleu sombre, en de languides paupières de Hindoue, deux magnifiques yeux, surchargés de rêves, dispensaient autour d'elle une magie transfiguratrice sur toutes les choses de la terre et du ciel. Ils saturaient d'inconnus enchantements l'étrangeté fatale de ce visage, dont la beauté ne s'oubliait plus.

Et le saillant des tempes altières, l'ovale subtil des joues, les cruelles narines déliées qui frémissaient au vent du péril, la bouche touchée d'une lueur de sang, le menton de spoliatrice taciturne, ce sourire toujours grave où brillaient des dents de panthère, tout cet ensemble, ainsi voilé de lointains sombres, devenait de la plus magnétique séduction lorsqu'on avait subi le rayonnement de ses yeux étoilés.

Une énigme inaccessible était cachée en sa grâce de péri.

Joueuse avec ses guerrières, des soirs, sous la tente ou dans les jardins de ses palais, si l'une d'entre elles, d'une charmante parole, s'émerveillait des infinis désirs qu'élevait, sur ses pas, l'héroïque maîtresse du Habad, Akëdysséril riait, de son rire mystérieux.

Oh! posséder, boire, comme un vin sacré, les barbares et délicieuses mélancolies de cette femme, le son d'or de son rire, — mordre, presser idéalement, sur cette bouche, les rêves de ce cœur, en des baisers partagés ! — étreindre, sans parole, les fluides et onduleuses plénitudes de ce corps enchanté, respirer sa dureté suave, s'y perdre — en l'abîme de ses yeux, surtout !... Pensées à briser les sens, d'où se réfléchissait un vertige que ces augustes regards de veuve, aux chastetés désespérées, ne réflèteraient pas. Son être, d'où sortait cette certitude désolatrice, inspirait, au fort des assauts et des chocs d'armées, aux jeunes combattants de ses légions, des soifs de blessures reçues là, sous ses prunelles.

Et puis, de tout le calice en fleur de son sein, d'elle entière, s'exhalait une odeur subtile, inespérée ! enivrante — et telle... que, — dans l'animation, surtout des mêlées, — un charme torturait autour d'elle ! excitant ses défenseurs éperdus au désir sans frein de périr à son ombre... sacrifice qu'elle encourageait, parfois, d'un regard surhumain, si délirant qu'elle semblait s'y donner.

C'étaient, dans la brume radieuse de ses victoires, des souvenirs d'elle seule connus et qui s'évoquaient en ses sommeils.

∴

Telle apparaissait Akëdysséril, à l'entrée, maintenant de la citadelle. Un moment elle écouta, peut-être, les paroles de bienvenue et d'amour dont la saluèrent les seigneurs ; puis, sur un signe imperceptible, les chars de ses guerrières, avec le fracas du tonnerre, franchirent les voûtes et s'irradièrent sur la place de Kama. Les clameurs d'allégresse de son peuple l'appelaient : poussant donc son éléphant noir sous le porche de Surate et sur les tapis étendus, la souveraine du Habad entra dans Bénarès.

Soudainement, ses regards tombèrent sur l'avenue décriée au fond de laquelle s'accusait, dans l'éloignement, l'antique, l'énorme façade écrasée du temple de Sivà.

Tressaillant — d'un souvenir, sans doute — elle arrêta sa monture, jeta un ordre à ses éléphantadors qui déplièrent les gradins de l'hodah sur les flancs de l'animal.

Elle descendit légèrement. — Et voici que, pareils à des êtres évoqués par son désir, trois phaodjs, en turbans et en tuniques noirs, — délateurs sûrs et rusés — chargés, certes ! de quelque mission très secrète pendant son absence, surgirent, comme de terre devant elle.

On s'écarta, d'après un vœu de ses yeux. Alors,

les phaodjs inclinés autour d'elle chuchotèrent, l'un après l'autre, longtemps, longtemps, de très basses paroles que nul ne pouvait entendre, mais dont l'effet sur la reine parut si terrible et grandissant à mesure qu'elle écoutait, que son pâlissant visage s'éclaira, tout à coup, d'un affreux reflet menaçant.

Elle se détourna ; puis, d'une voix brusque et qui vibra dans le silence de la place muette :

— Un char ! s'écria-t-elle.

Sa favorite la plus proche sauta sur le sol et lui présenta les deux rênes de soie tressée de fils d'airain.

Bondissant à la place quittée :

— Que nul ne me suive ! ajouta-t-elle.

Et, de ses yeux fixes, elle considérait l'avenue déserte. Indifférente à la stupeur de son peuple, au frémissement où elle jetait la ville interdite, Akëdysséril, précipitant ses chevaux à feu d'étincelles, renversant les psylles terrifiés, écrasant des serpents sous la lueur des roues, s'enfonça, toute seule, flèche lumineuse, sous les noirs ombrages de Sivà, qui prolongeaient l'horreur de leur solitude jusqu'au temple fatal.

On la vit bientôt décroître, dans l'éloignement,

devenir une clarté, — puis, comme une scintillation d'étoile...

Enfin, tous, confusément, l'aperçurent, lorsque, parvenue à l'éclaircie septentrionale, elle arrêta ses chevaux devant les marches basaltiques au delà desquelles, sur la hauteur, s'étendaient les parvis du sanctuaire et ses colonnades profondes.

Retenant, d'une main, le pli de sa robe d'or, elle gravissait, maintenant, là-bas, les marches redoutées.

Arrivée au portail, elle en heurta les battants de bronze du pommeau de son cimeterre, et de trois coups si terribles, que la répercussion, comme une plainte sonore, parvint, affaiblie par la distance, jusqu'à la place de Kama.

Au troisième appel, les mystérieux battants s'ouvrirent sans aucun bruit. Akëdysséril, comme une vision, s'avança dans l'intérieur de l'édifice.

Quand sa personne eut disparu, les hautes mâchoires métalliques, distenduës à ses sommations, refermèrent leur bâillement sombre sur elle, poussées par les bras invisibles des saïns, desservants de la demeure du dieu.

*
* *

La fille de Gwalior, au dédain de tout regard en arrière, s'aventura sous les prolongements des salles funestes que formaient les intervalles des piliers, — et le froid des pierres multipliait la sonorité de ses pas.

Les derniers reflets de la mort du soleil, à travers les soupiraux creusés, du seul côté de l'Occident, au plus épais des hautes murailles, éclairaient sa marche solitaire. Ses vibrantes prunelles sondaient le crépuscule de l'enceinte. — Ses brodequins de guerre, sanglants encore de la dernière mêlée (mais ceci ne pouvait déplaire au dieu qu'elle affrontait), sonnaient dans le silence. De rougeoyantes lueurs, tombées obliquement des soupiraux, allongeaient sur les dalles les ombres des dieux. Elle marchait sur ces ombres mouvantes, les effleurant de sa robe d'or.

Au fond, sur des blocs — entassés — de porphyre rouge, surgissait une formidable vision de pierre, couleur de nuit.

Le colosse, assis, s'élargissait en l'écartement de ses jambes, configurant un aspect de Sivà, le primordial ennemi de l'Existence Universelle. Ses proportions étaient telles que le torse seul apparaissait. L'inconcevable visage se perdait, comme dans la pensée, sous la nuit des voûtes. La divine statue croisait ses huit bras sur son sein funèbre, — et ses genoux, s'étendant à travers l'espace, touchaient, des deux côtés, les parois du sanctuaire. Sur l'exhaussement de trois degrés, de vastes pourpres tombaient suspendues entre des piliers. Elles cachaient une centrale cavité creusée dans le monstrueux socle de Sivà.

Là, derrière les plis impénétrables, s'allongeait, disposée en pente vers les portiques, la Pierre des Immolations.

Depuis les âges obscurs de l'Inde, à l'approche de tous les minuits, les brahmes sivaïtes, au grondement d'un gong d'appel, débordaient de leurs souterraines retraites, entraînant au sanctuaire un être humain — qui, parfois, était accouru s'offrir de lui-même, transporté du dédain de vivre. Aux circulaires clartés des braises seules de l'autel, car aucune lampe ne brûlait dans la demeure de Sivà, les prêtres étendaient sur la Pierre cette victime nue et que des entraves d'airain retenaient aux quatre membres.

Bientôt, flamboyaient les torches des saïns, illuminant l'entourage recueilli des brahmes. Sur un signe du Grand-Pontife, le Sacrificateur de Sivà, séparant d'un arrêt chacun de ses pas, s'avançait… puis, se penchant avec lenteur vers la Pierre, d'un seul coup de sa large lame ouvrait silencieusement la poitrine de l'holocauste.

Alors, quittant l'autel, dans l'aveugle dévotion à la divinité destructrice, le Grand-Pontife s'approchait, maudissant les cieux. Et, plongeant ses mains onglées dans cette entaille, qu'il élargissait avec force, en fouillait, d'abord, l'horreur. Puis, il en retirait ses bras, les dressait aussi haut que possible, offrant à la Reproduction divine le cœur au hasard arraché, et dont les fibres saignantes glissaient entre ses doigts espacés selon les rites sacerdotaux.

Le grommellement monotone des brahmes, qu'envahissait une extase, râlait autour de lui le vieil hymne de Sivà (la grande Imprécation contre la Lumière) d'eux seuls connu. Au cesser du chant, le Pontife laissait retomber son oblation pantelante sur le feu saint qui en consumait les suprêmes palpitations : et la chaude buée montait ainsi, expiatrice de la vie, le long du ventre apaisé du dieu.

Cette cérémonie, toujours occulte, était si brève, que les échos du temple ne retentissaient jamais que d'un grand cri.

.*.

Ce soir-là, debout sur le triple degré au delà duquel s'étalait, ainsi long voilée, la Pierre de sacrificature, se tenait le seul habitant visible des solitudes du temple : — et l'aspect de cet homme était aussi glaçant que l'aspect de son dieu.

La géante nudité de ce vieillard aux reins ceinturés d'un haillon sombre, — et dont l'ossature décharnée, flottante en une peau blanchâtre aux bruissantes rides, semblait lui être devenue étrangère, — se détachait sur l'ensanglantement des lourdes draperies.

L'impassibilité de cette face, au puissant crâne décillé, imberbe et chauve, qu'effleurait en cet instant sur le fuyant d'une tempe, le feu d'une tache solaire, imposait le vertige. Aux creux de ses orbites, sous leurs arcs dénudés, veillaient deux lueurs fulgurales qui semblaient ne pouvoir distinguer que l'Invisible.

Entre ces yeux, se précipitait un ample bec-d'aigle sur une bouche pareille à quelque vieille blessure devenue blanche faute de sang — et qui clôturait mystiquement la carrure du menton. Une volonté brûlait seule en cette émaciation qui ne pouvait plus être appréciablement chargée par la mort, car l'ensemble de ce que l'Homme appelle la Vie, sauf l'animation, semblait détruite en ce spectral ascète.

Ce mort vivant, plusieurs fois séculaire, était le Grand-Pontife de Sivà, le prêtre aux mains affreuses, — l'Anachorète au nom de lui-même oublié — et dont nul mortel n'eût, sans doute, retrouvé les syllabes qu'à travers la nuit, dans les déserts, en écoutant avec attention le cri du tigre.

***

Or, c'était vers lui que venait, irritée, Akëdysséril : c'était bien cet homme dont l'aspect la transportait d'une fureur que trahissaient les houles de son sein, le froncement de ses narines, la palpitation de ses lèvres !

Arrivée, enfin, devant lui, la reine s'arrêta, le considéra pendant un instant sans une parole, puis, d'une voix qui retentit ferme, jeune, vibrante dans le terrifiant isolement du démesuré tombeau :

— « Brahmane, je sais que tu t'es affranchi de

nos joies, de nos désirs, de nos douleurs et que tes regards sont devenus lourds comme les siècles. Tu marches environné des brumes d'une légende divine. Un pâtre, des marchands **khordofans**, des chasseurs de lynx et de bœufs sauvages t'ont vu, de nuit, dans les sentiers des montagnes, plongeant ton front dans les immenses clartés de l'orage et, tout illuminé d'éclairs dont la vertu brûlante s'émoussait contre toi, sourd au fracas des cieux, tu réfractais, paisiblement au profond de tes prunelles, la vision du dieu que tu portes. Au mépris des éléments de nos abîmes, tu te projetais, en esprit, vers le Nul sacré de ton vieil espoir.

« Comment donc te menacer, figure inaccessible ! Mes bourreaux épuiseraient en vain, sur ta dépouille vivante, leur science ancienne et mes plus belles vierges, leurs enchantements. Ton insensibilité neutralise ma puissance. Je veux donc me plaindre à ton dieu. »

Elle posa le pied sur la première dalle du sanctuaire, puis, élevant ses regards vers le grand visage d'ombre perdu dans les hautes ténèbres du temple :

— Sivà ! cria-t-elle, dieu dont l'invisible vol revêt de terreur jusqu'à la lumière du soleil, —

dieu qui devant l'Irrévélé te dressas, improuvant et condamnant ce mensonge des univers... que tu sauras détruire ! — si j'ai senti, jamais, autour de moi, dans les combats, ta présence exterminatrice, tu écouteras, ô dieu de la Sagesse fatale, la fille d'un jour qui ose troubler le silence de ta demeure en te dénonçant ton prêtre.

« Ressouviens-toi, puisque c'est l'attribut des Dieux de s'intéresser si étrangement aux plaintes humaines ! Peu d'aurores avaient brillé sur mon règne, Sivà, lorsque forcée de franchir, avec mes armées, l'Iaxarte et l'Oxus, je dus entrer, victorieuse, dans les cités en feu de la Sogdiane, — dont le roi réclamait sa fille unique, ma prisonnière Yelka. — Je savais que des peuples du Népâl profiteraient, ici, de cette guerre lointaine, pour proclamer roi du Habad celui... que je ne pouvais me résoudre à faire périr, Sedjnour, enfin, leur prince, le frère, hélas ! de Sinjab, mon époux inoublié. — Si j'étais une conquérante, Sedjnour n'était-il pas issu de la race d'Ebbahâr, le plus ancien des rois ?

« Je vainquis, en Sogdiane ! Et je dus soumettre, à mon retour, les rebelles qui m'ont déclarée, depuis, valeureuse et magnanime, en des inscriptions durables.

« Ce fut alors que, pour prévenir de nouvelles séditions et d'autres guerres, le Conseil de mes vizirs d'État, dans Bénarès, statua d'anéantir 'objet même de ces troubles, au nom du salut de tous. Un décret de mort fut donc rendu contre Sedjnour et contre ma captive, sa fiancée, — et l'Inde m'adjura d'en hâter l'exécution pour assurer, enfin, la stabilité de mon trône et de la paix.

« En cette alternative, mon orgueil fremissant refusa de se diminuer en bravant les remords d'un tel crime. Qu'ils fussent mes captifs, je m'accordais avec tristesse — ô dieu des méditations désespérées ! cette inévitable iniquité !... mais qu'ils devinssent mes victimes ?... Lâcheté d'un cœur ingrat, dont le seul souvenir eût à jamais flétri toutes les fiertés de mon être — Et puis, ô d'eu des victoires ! je ne suis point cruelle, comme les filles des riches parsis, dont l'ennui se plaît à voir mourir ; les grandes audacieuses, bien éprouvées aux combats, sont faites de clémence — et, comme l'une de mes sœurs de gloire, Sivà, je fus élevée par des colombes.

« Cependant, l'existence de ces enfants était un constant péril. Il fallait choisir entre leur mort et tout le sang généreux que leur cause, sans doute, ferait verser encore ! Avais-je le droit de les laisser vivre, moi, reine ?

. ˙.

» Ah ! je résolus, du moins, de les voir, une fois de mes yeux, — pour juger s'ils étaient dignes de l'anxiété dont se tourmentait mon âme. — Un jour, aux premiers rayons de l'aurore, je revêtis mes vêtements d'autrefois, alors que, dans nos vallées, je gardais les troupeaux de mon père Gwalior. Et je me hasardai, femme inconnue, dans leurs demeures perdues parmi les champs de roses, au bords opposés du Gange.

« O Sivà ! je revins éblouie, le soir !... Et, lorsque je me retrouvai seule, en cette salle du palais de Séür où je devins, où je demeure veuve, une mélancolie de vivre m'accabla : je me sentis plus troublée que je ne l'aurais cru possible !

« O couple pur d'êtres charmants qui s'étonnaient sans me haïr ! Leur existence ne palpitait que d'un espoir : leur union d'amour !... libres ou captifs !... fût-ce même dans l'exil !... Cet adolescent royal, aux regards limpides, et dont les traits me rappelaient ceux de Sinjab ! Cette enfant chaste et si aimante, si belle ! leurs âmes séparées, mais non désunies, s'appelaient et se savaient l'une à l'autre ! N'est-ce donc pas ainsi que notre race conçoit et ressent, depuis les âges, en notre Inde sublime, le sentiment de l'amour ! Fidèle, immortellement !

« Eux, un danger, Sivà ? — Mais, Sedjnour, élevé par des sages, rendait grâce aux Destinées de se voir allégé du souci des rois ! Il me plaignait en souriant, de m'en être si passionnément fatiguée ! Prince insoucieux de gloire, il jugeait frivoles ces lauriers idéals dont le seul éclat me fait pâlir !;.. S'aimer ! Tel était — ainsi que pour son amante Yalka — l'unique royaume ! Et, disaient-ils, ils étaient bien assurés que j'allais les réunir vite — puisque je fus aimée et que j'étais fidèle !... »

*
* *

Akëdysséril, après avoir un instant caché son visage de veuve entre ses mains radieuses, continua :

— « Répondre à ces enfants en leur adressant des bourreaux ? Non ! Jamais ! — Cependant, que résoudre ? Puisque la mort, seule, peut mettre fin, sans retour, aux persévérances opiniâtres des partisans d'un prince — et que l'Inde me demandait

la paix ?... Déjà d'autres rébellions menaçaient :
il me fallait encore m'armer contre l'Indo-Scythie...
— Soudainement, une étrange pensée m'illumina !
C'était la veille du jour où j'allais marcher contre
les aborigènes des monts arachosiens. Ce fut à toi
seul que je songeai, Sivà ! Quittant, de nuit, mon
palais, j'accourus ici, seule : — rappelle-toi ! divinité morose ! — Et je vins demander secours,
devant ton sanctuaire, à ton noir pontife.

« Brahmane, lui dis-je, je sais que, ni mon
trône dont la blancheur s'éclaire de tant de
pierreries, ni les armées, ni l'admiration des peuples, ni les trésors, ni le pouvoir de ce lotus inviolé — non, rien ne peut égaler en joie les premières délices de l'Amour ni ses voluptueuses tortures. Si l'on pouvait mourir du ravissement
nuptial, mon sein ne battrait plus depuis l'heure
où, pâle et rayonnante, Sinjab me captiva sous
ses baisers, à jamais, comme sous ses chaînes !

« Cependant, si par quelque enchantement, il
était possible — que ces enfants condamnés *mourussent d'une joie si vive, si pénétrante, si encore
inéprouvée, que cette mort leur semblât plus désirable que la vie ?* Oui, par l'une de ces magies
étranges, qui nous dissipent comme des ombres, si

tu pouvais augmenter leur amour même, — l'exalter par quelque vertu de Sivà, — d'un embrasement de désirs... peut-être le feu de leurs premiers transports suffirait-il pour consumer les liens de leurs sens en un évanouissement sans réveil ! — Ah ! si cette mort céleste était irréalisable, ne serait-elle pas une conciliatrice, puisqu'ils se la donneraient à eux-mêmes ? Seule, elle me semblait digne de leur douceur et de leur beauté.

« Ce fut à ces paroles que cette bouche de nuit, engageant ta promesse divine, me répondit avec tranquillité :

— « Reine, j'accomplirai ton désir ! »

« Sur cette assurance de ton prêtre, accès libre lui fut laissé, par mes ordres, des palais de mes captifs. — Consolée, d'avance, par la beauté de mon crime, je me départis en armes, l'aube suivante, vers l'Arachosie, — d'où je reviens, victorieuse encore, Sivà ! grâce à ton ombre et à mes guerriers, ce soir.

« Or, tout à l'heure, au franchir des citadelles, j'eus souci de la fatale merveille sans doute accomplie durant mon éloignement. Déjà songeuse d'offrandes sacrées, je contemplais les dehors de ce temple, lorsque mes phaodjs, apparus, m'ont révélé quelle fut, envers moi, la duplicité de ce très vieux homme-ci. »

La souveraine veuve regarda le fakir : à peine si sa voix décelait, en de légers tremblements, la fureur qu'elle dominait.

— « Démens-moi ! continua-t-elle ; dis-nous de quelles délices tu tins à fleurir, pour ces adolescents idéals, la pente de la mort promise ? sous les pleurs de quelles extases tu sus voiler leurs yeux ravis ? En quels inconnus frémissements d'amour tu fis vibrer leurs sens jusqu'à cet alanguissement mortel où je rêvais que s'éteignissent leurs deux êtres ! Non ! tais-toi.

« Mes phaodjs, aux écoutes dans les murailles, t'observaient — et j'ai lieu d'estimer leur clairvoyance fidèle... Va, tu peux lever sur moi tes yeux ! à qui me jette le regard qui dompte, je renvoie celui qui opprime, n'étant pas de celles qui subissent des enchantements !...

« O prince pur, Sedjnour, ombre ingénue, — et toi, pâle Yelka, si douce, ô vierge ! Enfants, enfants !... le voici, cet homme de tourments qu'il faut, où vous êtes, incriminer devant les divinités sans clémence qui n'ont pas aimé.

« Je veux savoir pourquoi ce fils d'une femme

oubliée me cacha cette haine qu'il portait, sans doute, à quelque souverain de la race dont ils sortirent et quelle vengeance il projetait d'exercer sur cette innocente postérité !... — Car de quel autre mobile s'expliquer ton œuvre, brahmane ? à moins que tes féroces instincts natals, ayant, à la longue, affolé ta stérile vieillesse, tu n'aies agi dans l'inconscience... et, devant la perfection de leur double supplice, comment le croire ?

» Ainsi, ce ne fut qu'avec des paroles, n'est-ce pas ? *rien qu'avec des paroles,* que tu fis subir, à leurs âmes, une mystérieuse agonie, jusqu'à ce qu'enfin cette mort volontaire, où tu les persuadais de se réfugier contre leurs tourments, vint les délivrer... de t'avoir entendu !

» Oui, tout l'ensemble de ce subtil forfait, je le devine, prêtre ; — et c'est par dédain, sache-le, que je n'envoie pas, à l'instant même, ta tête sonner et bondir sur ces dalles profanées par ton parjure. »

Akëdysséril, qui venait de laisser ses yeux étinceler, reprit, avec des accents amers :

« Aussitôt que l'austérité de ton aspect eût séduit la foi de ces claires âmes, tu commenças cette œuvre maudite. Et ce fut la simplicité de leur mutuelle tendresse que tu pris, d'abord, à tâche de détruire. Au souffle de quelles obscures suggestions desséchas-tu la sève d'amour en ces jeunes tiges, qui, pâlissantes, commencèrent, dès lors, à dépérir pour ta joie, — je vais te le dire !

» Vieillard, il te fallut que chacun d'eux se sentît solitaire ! Eh bien, — selon ce que tu leur laissas entendre, — *chacun d'eux ne devait-il pas survivre à l'oublié, et régner, grâce à mes vœux, en des pays lointains, — aux côtés d'un être royal et plein d'amour, aujourd'hui préféré déjà ?...* Comment te fut-il possible de les persuader ? — Mais tu savais en offrir mille preuves !... Isolés, pouvaient-ils, ces enfants, échanger ce seul regard qui eût traversé les nébuleuses fumées de tes vengeances comme un rayon de soleil ? Non ! Non. Tu triomphais — et, tout à l'heure, je t'apprendrai, te dis-je, par quel redoutable artifice ! Et le feu chaste de leurs veines, attisé, sans cesse, par le ravage des jalousies, par la mélancolie de l'abandon, tu sus en irriter les désirs jusqu'à les rendre follement charnels — à cause de cette croyance où tu plongeais leurs cœurs, l'impossibilité de toute possession l'un de l'autre. Entre leurs demeures, chaque jour, passant le Gange, tu te faisais, sur les eaux saintes, une sorte d'effrayant messager de pleurs, d'épouvante, d'illusions mortes et d'adieux.

» Ah! les délations de mes phaodjs sont profondes : elles m'ont éclairé sur certaine détestable puissance dont tu disposes! Ils ont attesté, en un serment, les Dévas des Expiations éternelles, que nulle arme n'est redoutable auprès de l'usage où ton noir génie sait plier la parole des vivants. Sur ta langue, affirment-ils, s'entre-croisent, à ton gré, des éclairs plus fallacieux, plus éblouissants et plus meurtriers que ceux qui jaillissent, dans les combats, des feintes de nos cimeterres. Et, lorsqu'un esprit funeste agite sa torche au fond de tes desseins, cet art, ce pouvoir, plutôt, se résout, d'abord, en... »

La reine, ici, fermant à demi les paupières, sembla suivre, d'une lueur, entre ses cils, dans les vagues ténèbres du temple, un fil invisible, perdu, flottant : et, symbolisant ainsi l'analyse où ses pensées s'aventuraient, elle lissa, de deux de ses doigts fins et pâles, le bout de l'un de ses sourcils, en étendant l'autre main vers le brahme :

... — « en... des suppositions lointaines, motivées subtilement, et suivies d'affreux silences...

Puis, — des inflexions, très singulières, de ta voix éveillent... on ne sait quelles angoisses — dont tu épies, sans trêve, l'ombre passant sur les fronts. Alors — mystère de toute raison vaincue! — d'étranges *consonnances*, oui, presque nulles de signification, — et dont les magiques secrets te sont familiers, — te suffisent pour éclairer nos esprits d'insaisissables, de glaçantes inquiétudes! de si troubles soupçons qu'une anxiété inconnue oppresse bientôt, ceux-là mêmes dont la défiance, en éveil, commençait à te regarder fixement. Il est trop tard. Le verbe de tes lèvres revêt, alors, les reflets bleus froids des glaives, de l'écaille des dragons, des pierreries. Il enlace, fascine, déchire, éblouit, envenime, étouffe... et il a des ailes! Ses occultes morsures font saigner l'amour à n'en plus guérir. Tu sais l'art de susciter — pour les toujours décevoir — les espérances suprêmes! A peine supposes-tu... que tu convaincs plus que si tu attestais. Si tu feins de rassurer, ta menaçante sollicitude fait pâlir. Et, selon tes vouloirs, la mortelle malice qui anime ta sifflante pensée jamais ne louange que pour dissimuler les obliques flèches de tes réserves, qui, seules, importent! — tu le sais, car tu es comme un mort méchant. D'un flair louche et froid, tu sais en proportionner les atteintes à la présence qui t'écoute. Enfin, toi disparu, tu laisses dans l'esprit que tu te proposas ainsi de pénétrer d'un venin fluide, le germe d'une corrosive tristesse, que le temps aggrave, que le sommeil même alimente — et qui devient bientôt si lourde, si âcre et si sombre — que vivre perd toute saveur, que le front se penche, accablé, que l'azur semble souillé depuis ton regard, que le cœur se serre à jamais — et que des êtres simples en peuvent mourir. C'est donc sous l'énergie de ce langage meurtrier — ton privilège, brahmane ! — que tu te complus et t'acharnas, jour à jour, à froisser — comme entre les ossements de tes mains — le double calice de ces jeunes âmes candides, ô spectre étouffant deux roses dans la nuit !

» Et lorsque leurs lèvres furent muettes, leurs yeux fixes et sans larmes, leurs sourires bien éteints ; lorsque le poids de leur angoisse dépassa ce que leurs cœurs pouvaient supporter sans cesser de battre, lorsqu'ils eurent, même, cessé de me maudire ainsi que les dieux sacrés, tu sus augmenter en chacun d'eux, tout à coup, cette soif de perdre jusqu'au souvenir de leur être, pour échapper au supplice d'exister sans fidélité, sans croyance et sans espérance, en proie au tourment constant de leurs trop insatiables désirs l'un de l'autre. — Et cette nuit, cette nuit, tu les as laissés se précipiter dans le vaste fleuve, — te disant, peut-être, que tu saurais bien me donner le change de leur mort. »

Il y eut un moment de grand silence dans le temple, à cette parole.

— « Prêtre, reprit encore Akaëdysséril, je tenais à mon rêve que tu t'engageas, librement, à réaliser. Tu fus, ici, l'interprète sacrilège de ton dieu, dont tu as compromis l'éternelle intégrité par ta traîtrise, car tout parjure diminue, à la mesure de la promesse trahie, l'être même de qui l'accomplit ou l'inspira. Je veux donc savoir pourquoi tu m'as bravée : pour quel motif ce long attentat n'a point fatigué ta persévérance!... Tu vas me répondre. »

*
* *

Elle se détourna, comme une longue lueur d'or, vers les profondeurs ensevelies dans l'obscurité. Et sa voix, devenant immédiatement stridente, réveilla, comme de force, en des sursauts bondissants, les échos des immenses salles autour d'elle :

— « Et maintenant, fakirs voilés, spectres errants entre les piliers de cette demeure et qui, cachant vos cruelles mains, apparaissez, par intervalles, — révélés, seulement, par l'ombre rapide que vous projetez sur les murailles, — écoutez la menaçante voix d'une femme qui, — servante, hier encore, de ceux-là — qui entendent les symboles et tiennent la parole des dieux, — ce soir vous parle en dominatrice, car ses paroles ne sont point vaines j'en ai pesé, froidement, l'imprudence — et ce n'est pas à moi de trembler.

« Si, dans l'instant, ce taciturne ascète, votre souverain, se dérobe à ma demande en d'imprécises réponses, — avant une heure, moi, je le jure! Akëdysséril! — entraînant mes vierges militaires, nous passerons, debout, au front de nos chars vermeils avec des rires, dans la fumée, dispersant l'incendie de nos torches en feu aux profonds des noirs feuillages de votre antique avenue! Ma puissante armée, encore ivre de triomphe, et qui est aux portes de Bénarès, entrera dans la ville sur mon appel. Elle enserrera cet édifice désormais déserté de son dieu! Et cette nuit, toute la nuit, sous les chocs multipliés de mes béliers de bronze j'en effondrerai les pierres, les portes, les colonnades ! Je jure qu'il s'écroulera dans l'aurore et que j'écraserai le monstrueux simulacre vide où veilla, durant des siècles, l'esprit même de Sivâ ! Mes milices, dont le nombre est terrible, avec leurs lourdes massues d'airain, les auront broyés, pêle-mêle, ces blocs rocheux, avant que le soleil de demain — si demain nous éclaire — ait atteint le haut du ciel ! Et le soir, lorsque le vent, venu de mes monts lointains — devant qui les autres de la terre s'humilient — aura dispersé tout ce vaste nuage de vaines poussières à travers les plaines, les vallées et les bois du Habad, je reviendrai, moi ! vengeresse ! avec mes guerrières, sur mes noirs éléphants, fouler le sol où s'éleva le vieux temple !... Couronnées de frais lotus et de roses, elles et moi, sur ses ruines, nous entre-choquerons nos coupes d'or, en criant aux étoiles, avec des chants de victoire et d'amour, les noms des deux ombres vengées ! Et ceci, pendant que mes exécuteurs enverront, l'une après l'autre, du haut des amoncellements qui pourront subsister encore des parvis dévastés, vos têtes et vos âmes rouler en ce Néant-originel que votre espoir imagine !... J'ai dit. »

La reine Akëdysséril, le sein palpitant, la

bouche frémissante, abaissant les paupières sur ses grands yeux bleus tout en flammes, se tut.

.˙.

Alors le serviteur de Sivà, tournant vers elle sa blême face de granit, lui répondit d'une voix sans timbre :

— « Jeune reine, devant l'usage que nous faisons de la vie, penses-tu nous faire de la mort une menace ? — Tu nous envoyas des trésors — semés, dédaigneusement, par nos saïns, sur les degrés de ce temple — où nul mendiant de l'Inde n'ose venir les ramasser ! Tu parles de détruire cette demeure sainte ? Beau loisir, — et digne de tes destinées, — que d'exhorter des soldats sans pensée à pulvériser de vaines pierres ! L'Esprit qui anime et pénètre ces pierres est le seul temple qu'elles représentent : lui révoqué, le temple, en réalité, n'est plus. Tu oublies que c'est lui seul, cet Esprit sacré, qui te revêt, toi-même, de l'autorité dont les armes ne sont que le prolongement sensible... Et que ce serait à lui seul, toujours, que tu devrais de pouvoir abolir les voiles sous l'accident desquels il s'incorpore ici. Quand donc le sacrilège atteignit-il d'autre dieu... que l'être même de celui qui fut assez infortuné pour le commettre?

« Tu vins à moi, pensant que la Sagesse des Dévas visite plus spécialement ceux qui, comme nous, par des jeûnes, des sacrifices sanglants et des prières, préservent la clairvoyance de leur propre raison de dépendre des fumées d'un breuvage, d'un aliment, d'une terreur ou d'un désir. J'accueillis tes vœux parce qu'ils étaient beaux et sombres, même en leur féminine frivolité, — m'engageant à les réaliser, — par déférence pour le sang qui te couvre. — Et voici que, dès les premiers pas de ton retour, ton lucide esprit s'en remet à des intelligences de délateurs — que je n'ai même pas daigné voir — pour juger, pour accuser et pour maudire mon œuvre, de préférence à t'adresser simplement à moi, tout d'abord, pour en connaître.

« Tu le vois, ta langue a formé, bien en vain, les sons dont vibrent encore les échos de cet édifice, — et s'il me plût d'entendre jusqu'à la fin tes harmonieux et déjà si oubliés outrages, c'est que, — fût-elle sans base et sans cause, — la colère des jeunes tueuses, dont les yeux sont pleins de gloire, de feux et de rêves, est toujours agréable à Sivà.

« Ainsi, reine Akëdysséril, tu désires — et ne

sais ce qui réalise ! Tu regardes un but et ne t'inquiètes point de l'unique moyen de l'atteindre. — Tu demandas s'il était au pouvoir de la Science divine d'induire deux êtres en ce passionnel état des sens où telle subite violence de l'Amour détruirait en eux, dans la lueur d'un même instant, les forces de la vie ?... Vraiment, quels autres enchantements qu'une réflexion toute naturelle devais-je mettre en œuvre pour satisfaire à l'imaginaire de ce dessein ? — Écoute : et daigne te souvenir.

« Lorsque tu accordas la fleur de toi-même au jeune époux, lorsque Sinjab te cueillit en des étreintes radieuses, jamais nulle vierge, t'écriais-tu, n'a frémi de plus ardentes délices, et ta stupeur, selon ce que tu m'attestas, était d'avoir survécu à ce grave ravissement.

« C'est que, — rappelle-toi, — déjà favorisée d'un sceptre, l'esprit troublé d'ambitieuses songeries, l'âme disséminée en mille soucis d'avenir, il n'était plus en ton pouvoir de te donner tout entière. Chacune de ces choses retenait, au fond de ta mémoire, un peu de ton être et, ne t'appartenant plus en totalité tu te ressaisissais obscurément et malgré toi — jusqu'en ce conjugal charme de l'embrassement — aux attirances de ces choses étrangères à l'Amour.

« Pourquoi, dès lors, t'étonner, Akëdysséril, de survivre au péril que tu n'as pas couru ?

« Déjà tu connaissais, aussi, des bords de cette coupe où fermente l'ivresse des cieux, d'avant-coureurs parfums de baisers dont l'idéal avait effleuré tes lèvres, émoussant la divine sensation future. Considère ton veuvage, ô belle veuve d'amour qui sais si distraitement survivre à ta douleur ! Comment la possession t'aurait-elle tuée, d'un être — dont la perte même te voit vivre ?

« C'est que, jeune femme, ta nuit nuptiale ne fut qu'étoilée. Son étincelante pâleur fut toute pareille à celle de mille bleus crépuscules, réunis au firmament, et se voilant à peine les uns les autres. L'éclair de Kamadêva, le Seigneur de l'amour, ne les traversa que d'une pâleur un peu plus lumineuse, mais fugitive ! Et ce n'est pas en ces douces nuits que les cœurs humains peuvent subir le choc de sa puissante foudre.

« Non !... Ce n'est que dans les nuits désespérées, noires et désolatrices, aux airs inspirateurs de mourir, où nul regret des choses perdues, nul désir des choses rêvées ne palpitent plus dans l'être, hormis l'amour seul ; — c'est seulement en ces sortes de nuits qu'un aussi rouge éclair peut luire, sillonner l'étendue et anéantir ceux qu'il frappe ! C'est en ce vide seul que l'Amour, enfin, peut librement pénétrer les cœurs et les sens et les pensées au point de les dissoudre en lui d'une seule et mortelle commotion ! Car une loi des dieux a voulu que l'intensité d'une joie se mesurât à la grandeur du désespoir subi pour elle : alors seulement cette joie, se saisissant à la fois de toute l'âme, l'incendie, la consume et peut la délivrer !

« C'est pourquoi j'ai accumulé beaucoup de nuits dans l'être de ces deux enfants : je la fis même plus profonde et plus dévastée que n'ont pu le dire les phaodjs !... Maintenant, reine, quant aux enchantements dont disposent les antiques brahmanes, supposes-tu que tes si clairvoyants délateurs connaissent, par exemple, l'intérieur de ces grands rochers du sommet desquels tes jeunes condamnés voulurent, hier au soir, se précipiter dans le Gange ? »

Ici, Akëdysseril, arrachant du fourreau son cimeterre, qui continua la lueur de ses yeux, s'écria, ne dominant plus son courroux :

— « Insensé barbare ! Pendant que tu prononces toutes ces vaines sentences qui ont tué mes chers victimes, ah ! le fleuve roule, sous les astres, à travers les roseaux, leurs corps innocents !... Eh bien, le Nirvanah t'appelle. Sois donc anéanti ! »

Son arme décrivit un flamboiement dans l'obscurité. Un instant de plus, et l'ascète, séparé par les reins sous l'atteinte robuste du jeune bras, — n'était plus. Soudain, elle rejeta son arme loin d'elle, et le bruit retentissant de cette chute fit tressaillir encore les ombres du temple.

C'est que — sans même relever les paupières sur l'accusatrice — le pontife sombre avait murmuré, sans dédain, sans terreur et sans orgueil, ce seul mot :

— « Regarde ».

*
* *

A cette parole s'étaient écartés les pans du grand voile de l'autel de Sivà, laissant apercevoir l'intérieur de la caverne que surplombait le dieu.

Deux ascètes, les paupières abaissées selon les rites sacerdotaux, soutenaient, aux extrémités latérales du sanctuaire, les vastes plis sanglants.

Au fond de ce lieu d'horreur, les trépieds étaient allumés comme à l'heure d'un sacrifice. L'esprit de Sivà s'opposant, dans les symboles, à la libre élévation de leurs flammes, ces grandes flammes, renversées par les courbures de hautes plaques d'or, réverbéraient d'inquiétantes clartés sur la Pierre des victimes. Au chevet de cette Pierre se tenaient, immobiles et les yeux baissés, deux saints, la torche haute.

Et là, sur ce lit de marbre noir, apparaissaient, étendus, pâles d'une pâleur de ciel, deux jeunes êtres charmants. Les plis de neige de leurs transparentes tuniques nuptiales décelaient les lignes sacrées de leurs corps; la lumière de leur sourire annonçait en eux le lever d'une aube éclose dans les invisibles et vermeils espaces de l'Âme; et cette aurore secrète transfigurait, en une extase éternelle, leur immobilité.

Certes, quelque transport d'une félicité divine, passant les forces de sensation que les dieux ont mesurées aux humains — avait dû les délivrer de vivre, car l'éclair de la Mort en avait figé l'expressif reflet sur leurs visages! Oui, tous deux portaient l'empreinte de l'idéale joie dont la soudaineté les avait foudroyés.

Et là, sur cette couche où les brahmes de Sivà les avaient posés, ils gardaient l'attitude, encore, où la Mort — que, sûrement, ils n'avaient point remarquée — était venue les surprendre effleurant leurs êtres de son ombre. Ils s'étaient évanouis, perdus en elle, insolitement, laissant la dualité de leurs essences en fusion s'abîmer en cet unique instant d'un amour — que nul autre couple vivant n'aura connu jamais.

Et ces deux mystiques statues incarnaient ainsi le rêve d'une volupté seulement accessible à des cœurs immortels.

La juvénile beauté de Sedjnour, en sa blancheur rayonnante, semblait défier les ténèbres. Il tenait, ployée entre ses bras, l'être de son être, l'âme de son désir ; — et celle-ci, dont la blanche tête était renversée sur le mouvement d'un bras jeté à l'entour du cou de son bien-aimé, paraissait endormie en un éperdu ravissement. L'auguste main de Yelka retombait sur le front de Sedjnour : ses beaux cheveux, brunissants, déroulaient sur elle et sur lui leurs noires ondes, et ses lèvres, entr'ouvertes vers les siennes, lui offraient, en un premier baiser, la candeur de son dernier soupir. — Elle avait voulu, sans doute, attirer dans un doux effort, la bouche de son amant vers la fleur de ses lèvres, lui faisant ainsi subir, en même temps, le subtil et cher parfum de son sein virginal qu'elle pressait encore contre cette poitrine adorée !.. Et c'était au moment même où toutes les défaillances, où tous les adieux, toutes les tortures d'âme s'effaçaient à peine sous le mutuel transport de leur soudaine union !

Oui, la résurrection, trop subitement délicieuse, de tant d'inespérées et pures ivresses, le contre-coup de cette effusion enchantée, l'intime choc de ce fulgurant baiser, que tous deux croyaient à jamais irréalisable, les avaient emportés, d'un seul coup d'aile, hors de cette vie dans le ciel de leur propre songe. Et certes, le supplice eût été, pour eux, de survivre à cet instant non pareil !

*
* *

Akëdysséril considérait, en silence, l'œuvre merveilleuse du grand prêtre de Sivà.

— « Penses-tu que si les Dêvas te conféraient le pouvoir de les éveiller, ces délivrés daigneraient accepter encore la Vie ? dit l'impénétrable fakir

d'un accent dont l'ironie austère triomphait :
— vois, reine, te voici leur envieuse! »

Elle ne répondit pas : une émotion sublime voilait ses yeux. Elle admirait, se joignant les mains sur une épaule, l'accomplissement de son rêve inouï.

Soudainement, un immense murmure, la rugissante houle d'une multitude et de longs bruissement d'armes, troublant sa contemplation, se firent entendre de l'intérieur du temple — dont les portails roulèrent lourdement, sur les dalles intérieures.

Sur le seuil, n'osant entrer en apercevant la reine de Bénarès éclairée encore, au fond du temple, par les flammes du sanctuaire et qui s'était détournée, — les trois vizirs inclinés la regardaient, leurs armes en main, l'air meurtrier.

Derrière eux, les guerrières montraient leurs jeunes têtes d'Apsgrâs menaçantes, aux yeux allumés par une inquiétude de ce [qu'était devenue leur maîtresse : elles se contenaient à peine d'envahir la demeure du dieu.

Autour d'elles, au loin, l'armée, dans la nuit.
Alors, tout ce rappel de la vie, et la mélancolie

de sa puissance, et le devoir d'oublier la beauté des rêves ! et jusqu'aux adieux de l'amour perdu, — tout l'esclavage, enfin, de la Gloire, gonfla, d'un profond soupir, le sein d'Akëdysséril : et les deux premières larmes, les dernières aussi ! de sa vie, brillèrent en gouttes de rosée, sur les lis de ses joues divines.

Mais — bientôt — ce fut comme si un dieu eût passé ! — Redressant sa haute taille sur la marche suprême de l'autel :

— « Vice-rois, vizirs et sowaris du Habad, cria-t-elle de cette voix connue dans les mêlées et que répercutèrent toutes les colonnades du sombre édifice — vous avez décidé la mort d'un prince, héritier du trône de Seür, depuis la mort de Sinjab, mon époux royal : vous avez condamné à périr Sedjnour et, aussi, sa fiancée Yelka, princesse de cette riche région, soumise, enfin, par nos armes !
— Lesvoici !

« Récitez la prière pour les ombres généreuses, qui, dans l'abîme de l'esprit, s'efforcent vers le Çwargâ divin ! — Chantez, pour elles, guerrières, et vous, ô chers guerriers ! l'hymne du Yadjnour-Véda, la parole du Bonheur ! Que l'Inde, sous mon règne, hélas ! enfin à ce prix pacifiée, refleurisse, à l'image de son lotus, l'éternelle Fleur !... Mais qu'aussi les cœurs se serrent de ceux dont l'âme est grave : car une grandeur de l'Asie s'est évanouie sur cette pierre !... La sublime race d'Ebbahâr est éteinte. »

FIN

TABLE

L'amour suprême 1
Sagacité d'Aspasie 23
Le secret de l'échafaud. 31
L'instant de Dieu. 51
Une profession nouvelle 65
L'agence du Chandelier d'Or 79
La légende de l'éléphant blanc 93
Catalina 109
Les expériences du Dr Crookes 131
Le droit du passé. 153
Le tzar et les grands-ducs 167
L'aventure de Tsë-i-la 183
Akëdysséril 197

ÉMILE COLIN — IMPRIMERIE DE LAGNY

www.ingramcontent.com/pod-product-compliance
Lightning Source LLC
Chambersburg PA
CBHW070635170426
43200CB00010B/2028